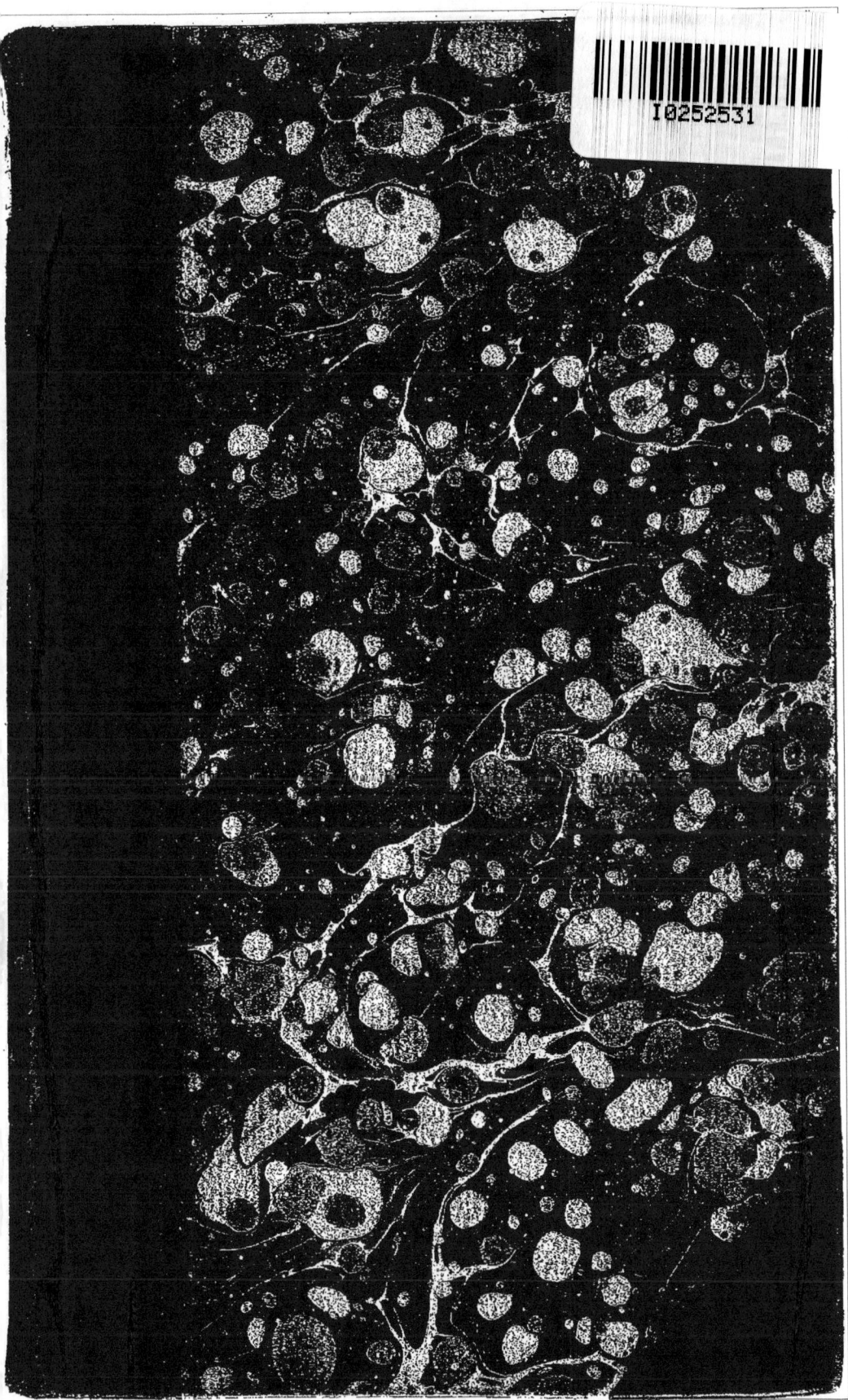

EX LIBRIS

RENÉ ESCANDE DE MESSIÈRES

(D|R)

+
.25

q 8⁷⁰

w

DE L'ESPRIT
DE CONQUÊTE
ET
DE L'USURPATION,

DANS LEURS RAPPORTS

AVEC LA CIVILISATION EUROPÉENNE.

Par

BENJAMIN DE CONSTANT-REBECQUE,

*membre du Tribunat, éliminé en 1802, Correspondant
de la Société Royale des sciences de Göttingue.*

1814.

Rés. p. F
24

AVERTISSEMENT.

Je me suis demandé, avant d'attacher mon nom à ce livre, si je ne serois pas accusé d'uue certaine présomption, en discutant des intérêts soumis aux mains les plus puissantes et les plus augustes. Je me suis répondu, en premier lieu, que l'opinion générale ne se composant que des opinions particulières, il étoit aujourd'hui du devoir impérieux de chacun de concourir à la formation d'un esprit public qui secondât les nobles efforts des Souverains et des peuples, pour la délivrance de la race humaine, et secondement, qu'ayant été l'un des mandataires du peuple qu'on force au silence, et n'ayant cessé de l'être qu'illégalement, ma voix, de quelque peu d'importance qu'elle soit d'ailleurs, aura l'avantage de rompre cette unanimité prétendue qui fait l'étonnement et le blâme de l'Europe et qui n'est que l'effet de la terreur des François. J'ose affirmer, avec une conviction profonde, qu'il n'y a pas, dans mon ouvrage, une ligne, que la presque totalité de la France, si elle étoit libre, ne s'empressât de signer.

Préface.

L'ouvrage actuel fait partie d'un traité de politique, terminé depuis long tems. L'état de la France et celui de l'Europe sembloient le condamner à ne jamais paroître. Le continent n'étoit qu'un vaste cachot, privé de toute communication avec cette noble Angleterre, asyle généreux de la pensée, illustre refuge de la dignité de l'espèce humaine. Tout à coup, des deux extrémités de la terre, deux grands peuples se sont répondus, et les flammes de Moscou ont été l'aurore de la liberté du monde. Il est permis d'espérer que la France ne sera pas exceptée de la délivrance universelle, la France qu'estiment les nations qui la combattent, la France, dont la volonté suffit pour obtenir et donner la paix. Le moment est donc revenu, où chacun peut se flatter d'être utile, suivant ses forces et ses lumières.

L'auteur de cet ouvrage a cru néanmoins que les circonstances n'étoient pas favorables à l'examen d'une foule de questions abstraites. Il a extrait seulement ce qui lui a paru d'un intérêt immédiat. Il auroit pu accroître cet intérêt par des personnalités plus directes. Mais il a voulu conserver avec scrupule ce qu'un profond sentiment lui avoit dicté, quand la terre étoit sous le joug. Il a éprouvé de la répugnance à se montrer plus amer ou plus hardi, contre l'adversité méritée que contre la prospérité coupable. Si les calamités publiques laissoient à son ame la faculté de s'ouvrir à des considérations personnelles, il lui seroit doux de penser, que lorsqu'on a voulu travailler, sans contradicteurs, à l'asservissement général, on a trouvé nécessaire d'étouffer sa voix.

———

Table des matières.

De l'esprit de conquête et de l'usurpation, dans leurs rapports avec la civilisation Européenne.

Première Partie. De l'esprit de conquête.

	Page
Chapitre I. Des vertus compatibles avec la guerre à certaines époques de l'état social	3
Chapitre II. Du caractère des nations modernes relativement à la guerre	6
Chapitre III. De l'esprit de conquête, dans l'état actuel de l'Europe	11
Chapitre IV. D'une race militaire, n'agissant que par intérêt	13

Page

Chapitre V. Autre cause de détérioration pour la classe militaire, dans le systême de conquête 19

Chapitre VI. Influence de cet esprit militaire sur l'état intérieur des peuples . . 21

Chapitre VII. Autre inconvénient de la formation d'un tel esprit militaire . . 25

Chapitre VIII. Action d'un gouvernement conquérant sur la masse de la nation . . 27

Chapitre IX. Des moyens de contrainte nécessaires, pour suppléer à l'efficacité du mensonge 33

Chapitre X. Autres inconvéniens du systême guerrier pour les lumières et la classe instruite 36

Chapitre XI. Point de vue sous lequel une nation conquérante envisageroit aujourd'hui ses propres succès 40

Chapitre XII. Effet de ces succès sur les peuples conquis 43

Chapitre XIII. De l'uniformité . . 48

Chapitre XIV. Terme inévitable des succès d'une nation conquérante . . . 60

Chapitre XV. Résultats du systême guerrier à l'époque actuelle 64

Seconde Partie : de l'usurpation.

	Page
Chapitre I. But précis de la comparaison entre l'usurpation et la monarchie	69
Chapitre II. Différences entre l'usurpation et la monarchie	75
Chapitre III. D'un rapport, sous lequel l'usurpation est plus facheuse que le despotisme le plus absolu	89
Chapitre IV. Que l'usurpation ne peut subsister à notre époque de la civilisation	94
Chapitre V. Réponse à une objection qui pourroit se tirer de l'exemple de Guillaume III	101
Chapitre VI. L'usurpation ne peut-elle se maintenir par la force ?	106
Chapitre VII. De l'espèce de liberté qu'on a présentée aux hommes à la fin du siècle dernier.	108
Chapitre VIII. Des imitateurs modernes des républiques de l'antiquité	115
Chapitre IX. Des moyens employés pour donner aux modernes la liberté des anciens	126
Chapitre X. L'aversion des modernes pour cette prétendue liberté implique-t-elle en eux l'amour du despotisme ?	135
Chapitre XI. Sophisme en faveur de l'arbitraire exercé par un seul homme	137

	Page
Chapitre XII. Des effets de l'arbitraire sur les diverses parties de l'existence humaine	143
Ch. XIII. Des effets de l'arbitraire sur les progrès intellectuels	149
Ch. XIV. De la religion sous l'arbitraire	163
Ch. XV. Que les hommes ne sauroient se résigner volontairement à l'arbitraire sous aucune forme	169
Ch. XVI. Du despotisme comme moyen de durée pour l'usurpation	173
Ch. XVII. De l'effet des mesures illégales dans les gouvernemens réguliers eux mêmes	180
Ch. XVIII. Résultat des considérations ci dessus relativement à la durée du despotisme	189
Ch. XIX. Causes qui rendent le despotisme particulièrement impossible, à notre époque de la civilisation	192
Ch. XX. Que l'usurpation ne peut se maintenir par le despotisme puisque le despotisme lui-même ne peut se maintenir aujourd'hui	197

DE L'ESPRIT DE CONQUÊTE
ET
DE L'USURPATION,
dans leurs rapports avec la civilisation Européenne.

Je me propose d'examiner deux fléaux, dans leurs rapports avec l'état présent de l'espèce humaine, et la civilisation actuelle. L'un est l'esprit de conquête, l'autre l'usurpation.

Il y a des choses qui sont possibles à telle époque, et qui ne le sont plus à telle autre. Cette vérité semble triviale : elle est néanmoins souvent méconnue : elle ne l'est jamais sans danger.

Lorsque les hommes qui disposent des destinées de la terre se trompent sur ce qui est possible, c'est un grand mal. L'expérience, alors, loin de les servir, leur nuit et les égare. Ils lisent l'histoire : ils voyent ce que l'on a fait précédemment : ils n'examinent point si cela peut se faire encore : ils prennent en main des leviers brisés : leur obstination, ou, si l'on veut, leur génie, procure à leurs efforts un succès éphémère : mais comme ils sont en lutte avec les dispositions, les intérêts, toute l'existence morale de leurs contemporains, ces forces de résistance réagissent contr'eux; et au bout d'un certain tems, bien long pour leurs victimes, très court quand on le considère historiquement, il ne reste de leurs entreprises que les crimes qu'ils ont commis et les souffrances qu'ils ont causées.

La durée de toute puissance dépend de la proportion qui existe entre son esprit et son époque. Chaque siècle attend en quelque sorte un homme qui lui serve de représentant. Quand ce représentant se montre, ou paroît se montrer, toutes les forces du moment se grouppent autour de lui. S'il représente fidèlement l'esprit général, le succès est infaillible. S'il dévie, le succès devient douteux; et s'il persiste dans une fausse route, l'assentiment qui constituoit son pouvoir l'abandonne, et le pouvoir s'écroule.

Malheur donc à ceux qui, se croyant invincibles, jettent le gand à l'espèce humaine, et prétendent opérer par elle, car ils n'ont pas d'autre instrument, des bouleversemens qu'elle désapprouve, et des miracles qu'elle ne veut pas.

DE L'ESPRIT DE CONQUETE
ET
DE L'USURPATION,

dans leurs rapports avec la civilisation Européenne.

PREMIERE PARTIE.
DE L'ESPRIT DE CONQUETE.

CHAPITRE I.
Des vertus compatibles avec la guerre, à certaines époques de l'état social.

Plusieurs écrivains, entrainés par l'amour de l'humanité dans de louables exagérations, n'ont envisagé la guerre que sous ses cotés funestes. Je reconnois volontiers ses avantages.

Il n'est pas vrai que la guerre soit toujours un mal. A de certaines époques de l'espèce humaine, elle est dans la nature de l'homme. Elle favorise alors le développement de ses plus belles et de ses plus grandes facultés. Elle lui ouvre un trésor de précieuses jouïssances. Elle le forme à la grandeur d'ame, à l'adresse, au sang froid, au courage, au mépris de la mort, sans lequel il ne peut jamais se répondre qu'il ne commettra pas toutes les lâchetés et bientôt tous les crimes. La guerre lui enseigne des dévouemens héroïques et lui fait contracter des amitiés sublimes. Elle l'unit de liens plus étroits, d'une part, à sa patrie, et de l'autre, à ses compagnons d'armes. Elle fait succéder à de nobles entreprises de nobles loisirs. Mais tous ces avantages de la guerre tiennent à une condition indispensable, c'est qu'elle soit le résultat naturel de la situation et de l'esprit national des peuples.

Car je ne parle point ici d'une nation attaquée et qui défend son indépendance. Nul doute que cette nation ne puisse réunir à l'ardeur guerrière les plus hautes vertus: ou plutôt cette ardeur guerrière est elle-même de toutes les vertus la plus haute. Mais il ne s'agit pas alors de la guerre proprement dite: il s'agit de la défense légitime, c'est à dire du patriotisme, de l'amour de la justice, de toutes les affections nobles et sacrées.

Un peuple, qui, sans être appelé à la défense de ses foyers, est porté par sa situation ou son caractère national à des expéditions belliqueuses et à des conquêtes, peut encore allier à l'esprit guerrier la simplicité des moeurs, le dédain pour le luxe, la générosité, la loyauté, la fidélité aux engagemens, le respect pour l'ennemi courageux, la pitié même, et les ménagemens pour l'ennemi subjugué. Nous voyons, dans l'histoire ancienne et dans les annales du moyen âge, ces qualités briller chez plusieurs nations, dont la guerre fesoit l'occupation presqu'habituelle.

Mais la situation présente des peuples Européens permet elle d'espérer cet amalgame? l'amour de la guerre est-il dans leur caractère national? Résulte-t-il de leurs circonstances?

Si ces deux questions doivent se résoudre négativement, il s'ensuivra, que, pour porter de nos jours les nations à la guerre et aux conquêtes, il faudra bouleverser leur situation, ce qui ne se fait jamais, sans leur infliger beaucoup de malheurs, et dénaturer leur caractère, ce qui ne se fait jamais sans leur donner beaucoup de vices.

Chapitre II.

Du caractère des nations modernes relativement à la guerre.

Les peuples guerriers de l'antiquité devoient pour la plupart à leur situation leur esprit belliqueux. Divisés en petites peuplades, ils se disputoient à main armée un territoire resserré. Poussés par la nécessité les uns contre les autres, Ils se combattoient on se menaçoient sans cesse. Ceux qui ne vouloient pas être conquérans ne pouvoient néanmoins déposer le glaive sous peine d'être conquis. Tous achetoient leur sureté, leur indépendance, leur existence entière au prix de la guerre.

Le monde de nos jours est précisément, sous ce rapport, l'opposé du monde ancien.

Tandis-que chaque peuple, autrefois, formoit une famille isolée, ennemie née des autres familles, une masse d'hommes existe maintenant, sous différens noms et sous divers modes d'organisation sociale, mais homogène par sa nature. Elle est assez forte pour n'avoir rien à craindre des hordes encore barbares. Elle est assez civilisée pour que la guerre lui soit à charge. Sa tendance uniforme est vers la paix. La tradition belliqueuse, héritage de tems reculés, et surtout les erreurs des gouvernemens retardent les effets de cette tendance: mais elle fait chaque jour un progrès de plus. Les chefs des peuples lui rendent hommage: car ils évitent d'avouer ouvertement l'amour des conquêtes, ou l'espoir d'une gloire acquise uniquement par les armes. Le fils de Philippe n'oseroit plus proposer à ses sujets l'envahissement de l'univers: et le discours de Pyrrhus à Cynéas sembleroit aujourd'hui le comble de l'insolence ou de la folie.

Un gouvernement qui parleroit de la gloire militaire, comme but, méconnoîtroit ou mépriseroit l'esprit des nations et celui de l'époque. Il se tromperoit d'un millier d'années, et lors même qu'il réussiroit d'abord, il seroit curieux de voir qui gagneroit cette étrange gageure, de notre siècle ou de ce gouvernement.

Nous sommes arrivés à l'époque du commerce, époque qui doit nécessairement remplacer celle de la guerre, comme celle de la guerre a du nécessairement la précéder.

La guerre et le commerce ne sont que deux moyens différens d'arriver au même but, celui de posséder ce que l'on désire. Le commerce n'est autre chose qu'un hommage rendu à la force du possesseur par l'aspirant à la possession. C'est une tentative pour obtenir de gré à gré ce qu'on n'espère plus conquérir par la violence. Un homme qui seroit toujours le plus fort n'auroit jamais l'idée du commerce. C'est l'expérience qui, en lui prouvant que la guerre, c'est à dire, l'emploi de sa force contre la force d'autrui, est exposée à diverses résistances et à divers échecs, le porte à recourir au commerce, c'est à dire, à un moyen plus doux et plus sur d'engager l'intérêt des autres à consentir à ce qui convient à son intérêt.

La guerre est donc antérieure au commerce. L'une est l'impulsion sauvage, l'autre le calcul civilisé. Il est clair que plus la tendance commerciale domine, plus la tendance guerrière doit s'affaiblir.

Le but unique des nations modernes, c'est le repos, avec le repos l'aisance, et comme source de l'aisance, l'industrie. La guerre est chaque jour un moyen plus inefficace d'atteindre ce but. Ses chances n'offrent plus ni aux individus ni aux nations des bénéfices qui égalent les résultats du travail paisible, et des échanges réguliers. Chez les anciens, une guerre heureuse ajoutoit, en esclaves, en tributs, en terres partagées, à la richesse publique et particulière. Chez les modernes, une guerre heureuse coute infailliblement plus qu'elle ne rapporte.

La République Romaine, sans commerce, sans lettres, sans arts, n'ayant pour occupation intérieure que l'agriculture, restreinte à un sol trop peu étendu pour ses habitans, entourée de peuples barbares, et toujours menacée ou menaçante, suivoit sa destinée en se livrant à des entreprises militaires non interrompues. Un gouvernement qui, de nos jours, voudroit imiter la République Romaine, auroit ceci de différent, qu'agissant en opposition avec son peuple, il rendroit ses instrumens tout aussi malheureux que ses victimes; un peuple ainsi gouverné seroit la République Romaine, moins la liberté, moins le mouvement national, qui facilite tous les sacrifices, moins l'espoir qu'avoit chaque individu du partage des terres, moins, en un mot, toutes les circonstances, qui embellissoient aux yeux des Romains ce genre de vie hazardeux et agité.

Le commerce a modifié jusqu'à la nature de la guerre. Les nations mercantiles étoient autrefois toujours subjuguées par les peuples guerriers. Elles leur résistent aujourd'hui avec avantage. Elles ont des auxiliaires au sein de ces peuples mêmes. Les ramifications infinies et compliquées du commerce ont placé l'intérêt des sociétés hors des limites de leur territoire: et l'esprit du siècle l'emporte sur l'esprit étroit et hostile qu'on voudroit parer du nom de patriotisme.

Carthage, luttant avec Rome dans l'antiquité, devoit succomber: elle avoit contr'elle la force des choses. Mais si la lutte s'établissoit maintenant entre Rome et Carthage, Carthage auroit pour elle les voeux de l'Univers. Elle auroit pour alliés les moeurs actuelles et le génie du monde.

La situation des peuples modernes les empêche donc d'être belliqueux par caractère: et des raisons de détail, mais toujours tirées des progrès de l'espèce humaine, et par conséquent de la différence des époques, viennent se joindre aux causes générales.

La nouvelle manière de combattre, le changement des armes, l'artillerie, ont dépouillé la vie militaire de ce qu'elle avoit de plus attrayant. Il n'y a plus de lutte contre le péril; il n'y a que de la fatalité. Le courage doit s'empreindre de résignation ou se composer d'insouciance. On ne goute plus cette jouissance de volonté, d'action, de développement des forces physiques et des facultés morales, qui fesoit aimer aux héros anciens, aux chevaliers du moyen âge, les combats corps à corps.

La guerre a donc perdu son charme, comme son utilité. L'homme n'est plus entrainé à s'y livrer, ni par intérêt, ni par passion.

Chapitre III.

De l'esprit de conquête dans l'état actuel de l'Europe.

Un gouvernement qui voudroit aujourd'hui pousser à la guerre et aux conquêtes un peuple Européen, commettroit donc un grossier et funeste anachronisme. Il travailleroit à donner à sa nation une impulsion contraire à la nature. Aucun des motifs, qui portoient les hommes d'autrefois à braver tant de périls, à supporter tant de fatigues, n'existant pour les hommes de nos jours, il faudroit leur offrir d'autres motifs, tirés de l'état actuel de la civilisation. Il faudroit les animer aux combats par ce même amour des jouissances, qui, laissé à lui même, ne les disposeroit qu'à la paix. Notre siècle, qui apprécie tout par l'utilité, et qui, lors qu'on veut le sortir de cette sphère, oppose l'ironie à l'enthousiasme réel ou factice, ne consentiroit pas à se repaître d'une gloire stérile, qu'il n'est plus dans nos habitudes de préférer à toutes les autres. A la place de cette gloire, il faudroit mettre le plaisir, à la place du triomphe, le pillage. L'on frémira, si l'on réfléchit à ce que seroit l'esprit militaire, appuyé sur ces seuls motifs.

Certes, dans le tableau que je vais tracer, il est loin de moi de vouloir faire injure à ces héros, qui, se plaçant avec délices entre la patrie et les périls, ont, dans tous les pays, protégé l'indépendance des peuples; à ces héros qui ont si glorieusement défendu la France. Je ne crains pas d'être mal compris par eux. Il en est plus d'un, dont l'ame, correspondant à la mienne, partage tous mes sentimens, et qui, retrouvant dans ces lignes son opinion secrette, verra dans leur auteur son organe.

CHAPITRE IV.

D'une race militaire, n'agissant que par intérêt.

Les peuples guerriers, que nous avons connus jusqu'ici, étoient tous animés par des motifs plus nobles que les profits réels et positifs de la guerre. La religion se mêloit à l'impulsion belliqueuse des uns. L'orageuse liberté dont jouïssoient les autres leur donnoit une activité surabondante, qu'ils avoient besoin d'exercer au dehors. Ils associoient à l'idée de la victoire celle d'une renommée prolongée bien au delà de leur existence sur la terre, et combattoient ainsi, non pour l'assouvissement d'une soif ignoble de jouissances présentes et matérielles, mais pour un espoir en quelque sorte, idéal, et qui exaltoit l'imagination, comme tout ce qui se perd dans l'avenir et le vague.

Il est si vrai, que, même chez les nations qui nous semblent le plus exclusivement occupées de pillage et de rapines, l'acquisition des richesses n'étoit pas le but principal, que nous voyons les héros Scandinaves faire bruler sur leurs buchers tous les trésors conquis durant leur vie, pour forcer les générations qui les remplaçoient à conquérir, par de nouveaux exploits, de nouveaux trésors. La richesse leur étoit donc précieuse comme témoignage éclatant des victoires remportées, plutôt que comme signe représentatif et moyen de jouissances.

Mais si une race purement militaire se formoit actuellement, comme son ardeur ne reposeroit sur aucune conviction, sur aucun sentiment, sur aucune pensée, comme toutes les causes d'exaltation, qui, jadis, annoblissoient le carnage même, lui seroient étrangères, elle n'auroit d'aliment ou de mobile que la plus étroite et la plus âpre personnalité. Elle prendroit la férocité de l'esprit guerrier, mais elle conserveroit le calcul de l'esprit commercial. Ces Vandales ressuscités n'auroient point cette ignorance du luxe, cette simplicité de moeurs, ce dédain de toute action basse, qui pouvoient caractériser leurs grossiers prédécesseurs. Ils réuniroient à la brutalité de la barbarie les rafinemens de la mollesse, aux excès de la violence les ruses de l'avidité.

Des hommes, à qui l'on auroit dit bien formellement qu'ils ne se battent que pour piller, des hommes, dont on auroit réduit toutes les idées belliqueuses à ce résultat clair et arithmétique, seroient bien différens des guerriers de l'antiquité.

Quatre cent mille égoïstes, bien exercés, bien armés, sauroient que leur destination est de donner ou de recevoir la mort. Ils auroient supputé qu'il valoit mieux se résigner à cette destination que s'y dérober, parce que la tyrannie qui les y condamne est plus forte qu'eux. Ils auroient, pour se consoler, tourné leurs regards vers la récompense qui leur est promise, la dépouille de ceux contre les quels on les mène. Ils marcheroient en conséquence, avec la résolution de tirer de leurs propres forces le meilleur parti qu'il leur seroit possible. Ils n'auroient ni pitié pour les vaincus, ni respect pour les foibles, parce que les vaincus, étant, pour leur malheur, propriétaires de quelque chose, ne paroîtroient à ces vainqueurs, qu'un obstacle entr'eux et le but proposé. Le calcul auroit tué dans leur ame toutes les émotions naturelles, excepté celles qui naissent de la sensualité. Ils seroient encore émus à la vue d'une femme : Ils ne le seroient pas à la vue d'un vieillard ou d'un enfant. Ce qu'ils auroient de connoissances pratiques leur serviroit à mieux rédiger leurs arrêts de massacre ou de spoliation. L'habitude des formes légales donneroit à leurs injustices l'impassibilité de la loi. L'habitude des formes sociales répandroit sur leurs cruautés un vernis d'insouciance et de légéreté qu'ils croiroient de l'élégance. Ils parcourroient ainsi le monde, tournant les progrès de la civilisation contr'elle même, tout entiers à leur intérêts, prenant le meurtre pour moyen, la débauche pour passetems, la dérision pour gaité, le pillage pour but, séparés par un abyme moral du reste de l'espèce humaine, et n'étant unis entr'eux que comme les animaux féroces qui se jettent rassemblés sur les troupeaux.

Tels ils seroient dans leurs succès: que seroient-ils dans leurs revers?

Comme il n'auroient eu qu'un but à atteindre, et non pas une cause à défendre, le but manqué, aucune conscience ne les soutiendroit. Ils ne se rattacheroient à aucune opinion: ils ne tiendroient l'un à l'autre que par une nécessité physique, dont chacun même chercheroit à s'affranchir.

Il faut aux hommes, pour qu'ils s'associent réciproquement à leurs destinées, autre chose que l'intérêt. Il leur faut une opinion; il leur faut de la morale. L'intérêt tend à les isoler, parcequ'il offre à chacun la chance d'être seul plus heureux ou plus habile.

L'égoïsme, qui, dans la prospérité, auroit rendu ces conquérans de la terre impitoyables pour leurs ennemis, les rendroit, dans l'adversité, indifférens, infidèles à leurs frères d'armes. Cet esprit pénétreroit dans tous les rangs, depuis le plus élevé jusqu'au plus obscur. Chacun verroit, dans son camarade à l'agonie, un dédommagement au pillage devenu impossible contre l'étranger ; le malade dépouilleroit le mourant ; le fuyard dépouilleroit le malade. L'infirme et le blessé paroîtroient à l'officier chargé de leur sort un poids importun dont il se débarasseroit à tout prix : et quand le Général auroit précipité son armée dans quelque situation sans remède, il ne se croiroit tenu à rien envers les infortunés qu'il auroit conduits dans le gouffre : il ne resteroit point avec eux pour les sauver. Les quitter lui sembleroit un mode tout simple d'échapper aux revers ou de réparer les fautes. Qu'importe qu'il les ait guidés, qu'ils se soïent reposés sur sa parole, qu'ils lui aïent confié leur vie, qu'ils l'aïent défendu, jusqu'au dernier moment, de leurs mains mourantes ? instrumens inutiles, ne faut-il pas qu'ils soïent brisés ?

Sans doute ces conséquences de l'esprit militaire fondé sur des motifs purement intéressés ne pourroient se manifester dans leur terrible étendue chez aucun peuple moderne, à moins que le système conquérant ne se prolongeât durant plusieurs générations. Les vertus paisibles, que notre civilisation nourrit et développe, lutteroient contre la corruption et les vices que ce systême appelle et qui lui sont nécessaires. Mais ce seroit l'esprit national, l'esprit du siècle résistant au gouvernement. Les vertus qui surviyroient aux efforts de l'autorité seroient une sorte d'indiscipline. L'intérêt étant le mot d'ordre, tout sentiment désintéressé tiendroit de l'insubordination: et plus le régime des conquêtes se prolongeroit, plus ces vertus s'affoibliroient et deviendroient rares.

CHAPITRE V.

Autre cause de détérioration, pour la classe militaire, dans le système de conquête.

On a remarqué souvent que les joueurs étoient les plus immoraux des hommes. C'est qu'ils risquent chaque jour tout ce qu'ils possèdent; il n'y a pour eux nul avenir assuré; ils vivent et s'agitent sous l'empire du hazard.

Dans le système de conquête, le soldat devient un joueur, avec cette différence que son enjeu, c'est sa vie. Mais cet enjeu ne peut être retiré. Il l'expose sans cesse et sans terme à une chance qui doit tôt ou tard être contraire. Il n'y a donc pas non plus d'avenir pour lui. Le hazard est aussi son maître aveugle et impitoyable.

Or la morale a besoin du tems. C'est là qu'elle place ses dédommagemens et ses récompenses. Pour celui qui vit de minute en minute ou de bataille en bataille, le tems n'existe pas. Les dédommagemens de l'avenir deviennent chimériques. Le plaisir du moment a seul quelque certitude: et pour me servir d'une expression qui devient ici doublement convenable, chaque jouissance est autant de gagné sur l'ennemi. Qui ne sent que l'habitude de cette loterie de plaisir et de mort est nécessairement corruptrice ?

Observez la différence qui existe toujours entre la défense légitime et le système des conquêtes. Cette différence se reproduira souvent encore. Le soldat qui combat pour sa patrie ne fait que traverser le danger. Il a pour perspective ultérieure le repos, la liberté, la gloire. Il a donc un avenir : et sa moralité, loin de se dépraver, s'annoblit et s'exalte. Mais l'instrument d'un conquérant insatiable voit après une guerre une autre guerre, après un pays dévasté un autre pays à dévaster de même, c'est à dire après le hazard, le hazard encore.

CHAPITRE VI.

Influence de cet esprit militaire sur l'état intérieur des peuples.

Il ne suffit pas d'envisager l'influence du système de conquêtes, dans son action sur l'armée et dans les rapports qu'il établit entre elle et les étrangers. Il faut le considérer encore, dans ceux qui en résultent, entre l'armée et les citoyens.

Un esprit de corps exclusif et hostile s'empare toujours des associations qui ont un autre but que le reste des hommes. Malgré la douceur et la pureté du christianisme, souvent les confédérations de ses prêtres ont formé dans l'état des états à part. Partout les hommes réunis en corps d'armée, se séparent de la nation. Ils contractent pour l'emploi de la force, dont ils sont dépositaires, une sorte de respect. Leurs mœurs et leurs idées deviennent subversives de ces principes d'ordre et de liberté pacifique et régulière, que tous les gouvernemens ont l'intérêt, comme le devoir de consacrer.

Il n'est donc pas indifférent de créer dans un pays, par un système de guerres prolongées ou renouvellées sans cesse, une masse nombreuse, imbue exclusivement de l'esprit militaire. Car cet inconvénient ne peut se restreindre dans de certaines limites, qui en rendent l'importance moins sensible. L'armée, distincte du peuple par son esprit, se confond avec lui dans l'administration des affaires.

Un gouvernement conquérant est plus intéressé qu'un autre à récompenser par du pouvoir et par des honneurs ses instrumens immédiats. Il ne sauroit les tenir dans un camp retranché. Il faut qu'il les décore au contraire des pompes et des dignités civiles.

Mais ces guerriers déposeront-ils avec le fer qui les couvre l'esprit dont les a pénétrés dès leur enfance l'habitude du carnage et des périls? Revêtiront-ils, avec la toge sénatoriale, la vénération pour les loix, les ménagemens pour les formes protectrices, ces divinités des associations humaines? La classe désarmée leur paroit un ignoble vulgaire, les loix des subtilités inutiles, les formes d'insupportables lenteurs. Ils estiment par dessus tout, dans les transactions, comme dans les faits guerriers, la rapidité des évolutions. L'unanimité leur semble nécessaire dans les opinions, comme la même uniforme dans les troupes. L'opposition leur est un désordre, le raisonnement une révolte, les tribunaux des conseils de guerre, les juges des soldats qui ont leur consigne, les accusés des ennemis, les jugemens des batailles.

Ceci n'est point une exagération fantastique. N'avons-nous pas vu, durant ces vingt dernières années, s'introduire dans presque toute l'Europe une justice militaire, dont le premier principe étoit d'abréger les formes, comme si toute abbréviation des formes n'étoit pas le plus révoltant sophisme : car si les formes sont inutiles, tous les tribunaux doivent les bannir: si elles sont nécessaires, tous doivent les respecter : et certes, plus l'accusation est grave, moins l'examen est superflu. N'avons-nous pas vu siéger sans cesse, parmi les juges, des hommes dont le vêtement seul annonçoit qu'ils étoient voués à l'obéissance, et ne pouvoient en conséquence être des juges indépendans ?

Nos neveux ne croiront pas, s'ils ont quelque sentiment de la dignité humaine, qu'il fut un tems où des hommes nourris sous la tente, et ignorans de la vie civile, interrogeoient des prévenus qu'ils étoient incapables de comprendre, condamnoient sans appel des citoyens qu'ils n'avoient pas le droit de juger. Nos neveux ne croiront pas, s'ils ne sont le plus avili des peuples, qu'on ait fait comparoître devant des tribunaux militaires des législateurs, des écrivains, des accusés de délits politiques, donnant ainsi, par une dérision féroce, pour juge à l'opinion, et à la pensée, le courage sans lumières et la soumission sans intelligence. Ils ne croiront pas non plus, qu'on ait imposé à des guerriers revenant de la victoire, couverts de lauriers que rien n'avoit flétris, l'horrible tâche de se transformer en bourreaux, de poursuivre, de saisir, d'égorger des concitoyens, dont les noms, comme les crimes, leur étoient inconnus. Non, tel ne fut jamais, s'écrieront-ils, le prix des exploits, la pompe triomphale. Non, ce n'est pas ainsi que les défenseurs de la France reparoissoient dans leur patrie et saluoient le sol natal.

Chapitre VII.

Autre inconvénient de la formation d'un tel esprit militaire.

Enfin, par une triste réaction, cette portion du peuple que le gouvernement auroit forcée à contracter l'esprit militaire, contraindroit à son tour le gouvernement de persister dans le système pour lequel il auroit pris tant de soin de la former.

Une armée nombreuse, fière de ses succès, accoutumée au pillage, n'est pas un instrument qu'il soit aisé de manier. Nous ne parlons pas seulement des dangers dont il menace les peuples qui ont des constitutions populaires. L'histoire est trop pleine d'exemples qu'il est superflu de citer.

Tantôt les soldats d'une république illustrée par six siècles de victoires, entourés de monumens élevés à la liberté par vingt générations de héros, foulant aux pieds la cendre des Cincinnatus et des Camille, marchent sous les ordres de César, pour profaner les tombeaux de leurs ancêtres, et pour asservir la ville éternelle. Tantôt les légions Angloises s'élancent avec Cromwell sur un Parlement qui luttoit encore contre les fers qu'on lui destinoit, et les crimes dont on vouloit le rendre l'organe, et livrent à l'usurpateur hypocrite, d'une part le Roi, de l'autre la république.

Mais les gouvernemens absolus n'ont pas moins à craindre de cette force toujours menaçante. Si elle est terrible contre les étrangers et contre le peuple au nom de son chef, elle peut devenir à chaque instant terrible à ce chef même. C'est ainsi que ces animaux énormes, que des nations barbares plaçoient en tête de leurs armées pour les diriger sur leurs ennemis, reculoient tout à coup, frappés d'épouvante ou saisis de fureur, et méconnoissant la voix de leurs maitres, écrasoient ou dispersoient les bataillons qui attendoient d'eux leur salut et leur triomphe.

Il faut donc occuper cette armée, inquiète dans son désoeuvrement redoutable: il faut la tenir éloignée: il faut lui trouver des adversaires. Le système guerrier, indépendamment des guerres présentes, contient le germe de guerres futures: et le souverain, qui est entré dans cette route, entrainé qu'il est par la fatalité qu'il a évoquée, ne peut redevenir pacifique à aucune époque.

Chapitre VIII.

Action d'un gouvernement conquérant sur la masse de la nation.

J'ai montré, ce me semble, qu'un gouvernement, livré à l'esprit d'envahissement et de conquête, devroit corrompre une portion du peuple, pourqu'elle le servit activement dans ses entreprises. Je vais prouver actuellement, que, tandis qu'il dépraveroit cette portion choisie, il faudroit qu'il agit sur le reste de la nation dont il reclameroit l'obéissance passive et les sacrifices, de manière à troubler sa raison, à fausser son jugement, à bouleverser toutes ses idées.

Quand un peuple est naturellement belliqueux, l'autorité qui le domine n'a pas besoin de le tromper, pour l'entrainer à la guerre. Attila montroit du doigt à ses Huns la partie du monde sur laquelle ils devoient fondre, et ils y couroient: parce qu'Attila n'étoit que l'organe et le représentant de leur impulsion. Mais de nos jours la guerre ne procurant aux peuples aucun avantage, et n'étant pour eux qu'une source de privations et de souffrances, l'apologie du système des conquêtes ne pourroit reposer que sur le sophisme et l'imposture.

Tout en s'abandonnant à ses projets gigantesques, le gouvernement n'oseroit dire à sa nation : marchons à la conquête du monde : Elle lui répondroit d'une voix unanime, nous ne voulons pas de la conquête du monde.

Mais il parleroit de l'indépendance nationale, de l'honneur national, de l'arrondissement des frontières, des intérêts commerciaux, des précautions dictées par la prévoyance ; que sais-je encore? car il est inépuisable, le vocabulaire de l'hypocrisie et de l'injustice.

Il parleroit de l'indépendance nationale, comme si l'indépendance d'une nation étoit compromise, parce que d'autres nations sont indépendantes.

Il parleroit de l'honneur national, comme si l'honneur national étoit blessé, parce que d'autres nations conservent leur honneur.

Il allégueroit la nécessité de l'arrondissement des frontières, comme si cette doctrine, une fois admise, ne bannissoit par de la terre tout repos et toute équité. Car c'est toujours en dehors qu'un gouvernement veut arrondir ses frontières.

Aucun n'a sacrifié, que l'on sache, une portion de son territoire pour donner au reste une plus grande régularité géométrique. Ainsi l'arrondissement des frontières est un système, dont la baze se détruit par elle même, dont les élémens se combattent, et dont l'exécution, ne reposant que sur la spoliation des plus foibles, rend illégitime la possession des plus forts.

Ce gouvernement invoqueroit les intérêts du commerce, comme si c'étoit servir le commerce que dépeupler un pays de sa jeunesse la plus florissante, arracher les bras les plus nécessaires à l'agriculture, aux manufactures, à l'industrie*), élever entre les autres peuples et soi des barrières arrosées de sang. Le commerce s'appuye sur la bonne intelligence des nations entr'elles: il ne se soutient que par la justice: il se fonde sur l'égalité, il prospère dans le repos: et ce seroit pour l'intérêt du commerce qu'un gouvernement rallumeroit sans cesse des guerres acharnées, qu'il appelleroit sur la tête de son peuple une haine uni-

---

*) La guerre coute plus que ses fraix, dit un écrivain judicieux. Elle coute tout ce qu'elle empêche de gagner. Say, économ. polit. V. 8.

verselle, qu'il marcheroit d'injustice en injustice, qu'il ébranleroit chaque jour le crédit par des violences, qu'il ne voudroit point tolérer d'égaux!

Sous le prétexte des précautions dictées par la prévoyance, ce gouvernement attaqueroit ses voisins les plus paisibles, ses plus humbles alliés, en leur supposant des projets hostiles, et comme devançant des aggressions méditées. Si les malheureux objets de ses calomnies étoient facilement subjugués, il se vanteroit de les avoir prévenus: s'ils avoient le tems et la force de lui résister, vous le voyez, s'écrieroit-il, ils vouloient la guerre, puisqu'ils se défendent *).

---

*) L'on avoit inventé, durant la révolution françoise, un prétexte de guerre inconnu jusques alors, celui de délivrer les peuples du joug de leurs gouvernemens, qu'on supposoit illégitimes et tyranniques. Avec ce prétexte on a porté la mort chez des hommes, dont les uns vivoient tranquilles, sous des institutions adoucies par le tems et l'habitude, et dont les autres jouïssoient, depuis plusieurs siècles, de tous les bienfaits de la liberté. Epoque à jamais honteuse, où l'on vit un gouvernement perfide graver des mots sa-

Que l'on ne croye pas que cette conduite fût le résultat accidentel d'une perversité particulière. Elle seroit le résultat nécessaire de la position. Toute autorité, qui voudroit entreprendre aujourd'hui des conquêtes étendues, seroit condamnée à cette série de prétextes vains et de scandaleux mensonges. Elle seroit coupable, assurément, et nous ne chercherons pas à diminuer son crime. Mais ce crime ne consisteroit point dans les moyens employés : il consisteroit dans le choix volontaire de la situation qui commande de pareils moyens.

L'autorité auroit donc à faire, sur les facultés intellectuelles de la masse de ses sujets, le même travail que sur les qualités morales de la portion militaire. Elle devroit s'efforcer de bannir

---

crés sur ses étendarts coupables, troubler la paix, violer l'indépendance, détruire la prospérité de ses voisins innocens, en ajoutant au scandale de l'Europe par des protestations mensongères de respect pour les droits des hommes et de zèle pour l'humanité ! La pire des conquêtes, c'est l'hypocrite, dit Machiavel, comme s'il avoit prédit notre histoire.

toute logique de l'esprit des uns, comme elle auroit tâché d'étouffer toute humanité dans le coeur des autres. Tous les mots perdroient leur sens. Celui de modération présageroit la violence : celui de justice annonceroit l'iniquité. Le droit des nations deviendroit un code d'expropriation et de barbarie : toutes les notions, que les lumières de plusieurs siècles ont introduites dans les relations des sociétés, comme dans celles des individus, en seroient de nouveau repoussées. Le genre humain reculeroit vers ces tems de dévastation qui nous sembloient l'opprobre de l'histoire. L'hypocrisie seule en feroit la différence : et cette hypocrisie seroit d'autant plus corruptrice que personne n'y croiroit. Car les mensonges de l'autorité ne sont pas seulement funestes, quand ils égarent et trompent les peuples. Ils ne le sont pas moins, quand ils ne les trompent pas.

Des sujets qui soupçonnent leurs maîtres de duplicité et de perfidie se forment à la perfidie et à la duplicité. Celui qui entend nommer le chef qui le gouverne un grand politique, parce que chaque ligne qu'il publie est une imposture, veut être à son tour un grand politique, dans une sphère plus subalterne. La vérité lui semble niaiserie, la fraude habileté. Il ne mentoit jadis que par intérêt; il mentira désormais par intérêt et par amour-propre. Il aura la fatuité de la fourberie: et si cette contagion gagne un peuple essentiellement vain, essentiellement imitateur, un peuple ou chacun craigne par dessus tout de passer pour dupe, la morale privée tardera-t-elle à être engloutie dans le naufrage de la morale publique?

Chapitre IX.

Des moyens de contrainte nécessaire pour suppléer à l'efficacité du mensonge.

Supposons que néanmoins quelques débris de raison surnagent, ce sera sous d'autres rapports un malheur de plus.

Il faudra que la contrainte supplée à l'insuffisance du sophisme. Chacun cherchant à se dérober à l'obligation de verser son sang dans des expéditions dont on n'aura pu lui prouver l'utilité, il faudra que l'autorité soudoye une foule avide, destinée à briser l'opposition générale. On verra l'espionnage et la délation, ces éternelles ressources de la force, quand elle a créé des devoirs et des délits factices, encouragées et récompensées, des Sbirres lâchés, comme des dogues féroces, dans les cités et dans les campagnes, pour poursuivre et pour enchainer des fugitifs, innocens aux yeux de la morale et de la nature, une classe, se préparant à tous les crimes en s'accoutumant à violer les loix, une autre classe, se familiarisant avec l'infamie, en vivant du malheur de ses semblables, les pères punis pour les fautes des enfans, l'intérêt des enfans séparé ainsi de celui des pères, les familles, n'ayant que le choix de se réunir pour la résistance, ou de se diviser pour la trahison, l'amour paternel transformé en attentat, la tendresse filiale traitée de révolte; et toutes ces vexations auront lieu, non pour une défense légitime, mais pour l'acquisition de pays éloignés, dont la possession n'ajoute rien à la prospérité nationale, à moins qu'on n'appelle prospérité nationale le vain renom de quelques hommes et leur funeste célébrité!

Soyons justes pourtant. On offre des consolations à ces victimes, destinées à combattre et à périr aux extrémités de la terre. Regardez les: Elles chancellent en suivant leurs guides. On les a plongées dans un état d'yvresse qui leur inspire une gaité grossière et forcée. Les airs sont frappés de leurs clameurs bruyantes: les hameaux retentissent de leurs chants licentieux. Cette yvresse, ces clameurs, cette licence, qui le croiroit! c'est le chef-d'oeuvre de leurs magistrats!

Etrange renversement, produit, dans l'action de l'autorité, par le système des conquêtes! Durant vingt années, vous avez recommandé à ces mêmes hommes la sobriété, l'attachement à leurs familles, l'assiduité dans leurs travaux: mais il faut envahir le monde. On les saisit, on les entraine, on les excite au mépris des vertus qu'on leur avoit long tems inculquées. On les étourdit par l'intempérance: on les ranime par la débauche: c'est ce qu'on appelle raviver l'esprit public.

Chapitre X.

Autres inconvéniens du systéme guerrier pour les lumières et la classe instruite.

Nous n'avons pas encore achevé l'énumération qui nous occupe. Les maux que nous avons décrits, quelques terribles qu'ils nous paroissent, ne pèseroient pas seuls sur la nation misérable: d'autres s'y joindroient, moins frappans peut-être à leur origine, mais plus irréparables, puisqu'ils flétriroient dans leur germe les espérances de l'avenir.

A certains périodes de la vie, les interruptions à l'exercice des facultés intellectuelles ne se réparent pas. Les habitudes hazardeuses, insouciantes et grossières de l'état guerrier, la rupture soudaine de toutes les relations domestiques, une dépendance méchanique, quand l'ennemi n'est pas en présence, une indépendance complète sous le rapport des moeurs, à l'age ou les passions sont dans leur fermentation la plus active, ce ne sont pas là des choses indifférentes pour la morale ou pour les lumières. Condamner, sans une nécessité absolue, à l'habitation des camps ou des casernes, les jeunes rejetons de la classe éclairée, dans laquelle résident, comme un dépot précieux, l'instruction, la délicatesse, la justesse des idées, et cette tradition de douceur, de noblesse et d'élégance, qui seule nous distingue des barbares, c'est faire à la nation toute entière un mal, que ne compensent ni ses vains succès, ni la terreur qu'elle inspire, terreur qui n'est pour elle d'aucun avantage.

Vouer au métier de soldat le fils du commerçant, de l'artiste, du magistrat, le jeune homme qui se consacre aux lettres, aux sciences, à l'exercice de quelqu'industrie difficile et compliquée, c'est lui dérober tout le fruit de son éducation antérieure. Cette éducation même se ressentira de la perspective d'une interruption inévitable. Si les rêves brillans de la gloire militaire enyvrent l'imagination de la jeunesse, elle dédaignera des études paisibles, des occupations sédentaires, un travail d'attention, contraire à ses gouts et à la mobilité de ses facultés naissantes. Si c'est avec douleur qu'elle se voit arrachée à ses foyers, si elle calcule combien le sacrifice de plusieurs années apportera de retard à ses progrès, elle désespérera d'elle même : elle ne voudra pas se consumer en efforts dont une main de fer lui déroberoit le fruit. Elle se dira, que, puisque l'autorité lui dispute le tems nécessaire à son perfectionnement intellectuel, il est inutile de lutter contre la force. Ainsi la nation tombera dans une dégradation morale, et dans une ignorance toujours croissante. Elle s'abrutira au milieu des victoires; et sous ses lauriers mêmes, elle sera poursuivie du sentiment qu'elle suit une fausse route, et qu'elle manque sa destination *).

Tous nos raisonnemens, sans doute, ne sont applicables, que lorsqu'il s'agit de guerres inutiles et gratuites. Aucune considération ne peut entrer en balance avec la nécessité de repousser un agresseur. Alors toutes les classes doivent accourir, puisque toutes sont également menacées. Mais leur motif n'étant pas un ignoble pillage, elles ne se corrompent point. Leur zèle s'appuyant sur la conviction, la contrainte devient superflue. L'interruption qu'éprouvent les occupations sociales, motivée qu'elle est sur les obligations les plus saintes, et les intérêts les plus chers, n'a

---

*) Il y avoit, en France, sous la monarchie, soixante mille hommes de milice. L'engagement étoit de six ans. Ainsi le sort tomboit chaque année sur dix mille hommes. M. Necker appelle la milice une effrayante loterie. Qu'auroit-il dit de la conscription?

pas les mêmes effets que des interruptions arbitraires. Le peuple en voit le terme: il s'y soumet avec joye, comme à un moyen de rentrer dans un état de repos: et quand il y rentre, c'est avec une jeunesse nouvelle, avec des facultés annoblies, avec le sentiment d'une force utilement et dignement employée.

Mais autre chose est défendre sa patrie, autre chose attaquer des peuples qui ont aussi une patrie à défendre. L'esprit de conquête cherche à confondre ces deux idées. Certains gouvernemens, quand ils envoyent leurs légions d'un pôle à l'autre, parlent encore de la défense de leurs foyers; on diroit qu'ils appellent leurs foyers tous les endroits ou ils ont mis le feu.

CHAPITRE XI.

Point de vue sous lequel une nation conquérante envisageroit aujourd'hui ses propres succès.

Passons maintenant aux résultats extérieurs du système des conquêtes.

Il est probable que la même disposition des modernes, qui leur fait préférer la paix à la guerre, donneroit dans l'origine de grands avantages au peuple forcé par son gouvernement à devenir agresseur. Des nations, absorbées dans leurs jouissances, seroient lentes à résister : elles abandonneroient une portion de leurs droits, pour conserver le reste : elles espéreroient sauver leur repos, en transigeant de leur liberté. Par une combinaison fort étrange, plus l'esprit général seroit pacifique, plus l'état, qui se mettroit en lutte avec cet esprit, trouveroit d'abord des succès faciles.

Mais quelles seroient les conséquences de ces succès, même pour la nation conquérante ? n'ayant aucun accroissement de bonheur réel à en attendre, en ressentiroit-elle au moins quelque satisfaction d'amour-propre ? reclameroit-elle sa part de gloire ?

Bien loin de là. Telle est à présent la répugnance pour les conquêtes, que chacun éprouveroit l'impérieux besoin de s'en disculper. Il y auroit une protestation universelle, qui n'en seroit pas moins énergique, pour être muette. Le gouvernement verroit la masse de ses sujets se tenir à l'écart, morne spectatrice. On n'entendroit dans tout l'empire qu'un long monologue du pouvoir. Tout au plus ce monologue seroit-il dialogué de tems en tems, parceque des interlocuteurs serviles répéteroient au maître les discours qu'il auroit dictés. Mais les gouvernés cesseroient de prêter l'oreille à de fastidieuses harangues, qu'il ne leur seroit jamais permis d'interrompre. Ils détourneroient leurs regards d'un vain étalage, dont ils ne supporteroient que les fraix et les périls, et dont l'intention seroit contraire à leur voeu.

L'on s'étonne de ce que les entreprises les plus merveilleuses ne produisent de nos jours aucune sensation. C'est que le bonsens des peuples les avertit que ce n'est point pour eux que l'on fait ces choses. Comme les chefs y trouvent seuls du plaisir, on les charge seuls de la récompense. L'intérêt aux victoires se concentre dans l'autorité et ses créatures. Une barrière morale s'élève entre le pouvoir agité et la foule immobile. Le succès n'est qu'un météore qui ne vivifie rien sur son passage. A peine lève-t-on la tête pour le contempler un instant. Quelquefois même on s'en afflige, comme d'un encouragement donné au délire. On verse des larmes sur les victimes, mais on désire les échecs.

Dans les tems belliqueux, l'on admiroit par dessus tout le génie militaire. Dans nos tems pacifiques, ce que l'on implore, c'est de la modération et de la justice. Quand un gouvernement nous prodigue de grands spectacles, et de l'héroïsme, et des créations et des destructions sans nombre, on seroit tenté de lui répondre, le moindre grain de mil seroit mieux notre affaire *): et les plus éclatans prodiges, et leurs pompeuses célébrations ne sont que des cérémonies funéraires, ou l'on forme des danses sur des tombeaux.

*) Lafontaine.

CHAPITRE XII.
Effet de ces succès sur les peuples conquis.

Le droit des gens des Romains, dit Montesquieu, consistoit à exterminer les citoyens de la nation vaincue. Le droit des gens que nous suivons aujourd'hui, fait qu'un état qui en a conquis un autre continue à le gouverner selon ses loix, et ne prend pour lui que l'exercice du gouvernement politique et civil *).

Je n'examine pas jusqu'à quel point cette assertion est exacte. Il y a certainement beaucoup

---

*) Pour qu'on ne m'accuse pas de citer faux je transcris tout le paragraphe. „Un état, qui en a „conquis un autre, le traite d'une des quatre ma„nières suivantes. Il continue à le gouverner se„lon ses loix, et ne prend pour lui que l'exercice „du gouvernement politique et civil; ou il lui „donne un nouveau gouvernement politique et ci„vil; ou il détruit la société et la disperse dans „d'autres; ou enfin il extermine tous les citoyens. „La première manière est conforme au droit des „gens que nous suivons aujourd'hui: la quatrième „est plus conforme au droit des gens des Romains." Esprit des Loix Liv. X. ch. 3.

d'exceptions à faire, pour ce qui regarde l'antiquité.

Nous voyons souvent que des nations subjuguées ont continué à jouir de toutes les formes de leur administration précédente et de leurs anciennes loix. La religion des vaincus étoit scrupuleusement respectée. Le Polythéisme, qui recommandoit l'adoration des Dieux étrangers, inspiroit des ménagemens pour tous les cultes. Le sacerdoce Egyptien conserva sa puissance sous les Perses. L'exemple de Cambyse qui étoit en démence ne doit pas être cité : mais Darius, ayant voulu placer dans un temple sa statue devant celle de Sésostris, le grand-Prêtre s'y opposa, et le monarque n'osa lui faire violence. Les Romains laissèrent aux habitans de la plupart des contrées soumises leurs autorités municipales, et n'intervinrent dans la religion gauloise que pour abolir les sacrifices humains.

Nous conviendrons cependant que les effets de la conquête étoient devenus très doux depuis quelques siècles et sont restés tels jusqu'à la fin du dixhuitième. C'est que l'esprit de conquête avoit cessé. Celles de Louis XIV lui même étoient plutôt une suite des prétentions et de l'arrogance d'un monarque orgueilleux que d'un véritable esprit conquérant. Mais l'esprit de conquête est ressorti des orages de la révolution françoise plus impétueux que jamais. Les effets des conquêtes ne sont donc plus ce qu'ils étoient du tems de M. de Montesquieu.

Il est vrai, l'on ne réduit pas les vaincus en esclavage, on ne les dépouille pas de la propriété de leurs terres, on ne les condamne point à les cultiver pour d'autres, on ne les déclare pas une race subordonnée, appartenant aux vainqueurs.

Leur situation paroît donc encore à l'extérieur plus tolérable qu'autrefois. Quand l'orage est passé, tout semble rentrer dans l'ordre. Les cités sont debout: les marchés se repeuplent: les boutiques se rouvrent: et sauf le pillage accidentel, qui est un malheur de la circonstance, sauf l'insolence habituelle, qui est un droit de la victoire, sauf les contributions, qui, méthodiquement imposées, prennent une douce apparence de régularité, et qui cessent, ou doivent cesser, lorsque la conquête est accomplie, on diroit d'abord qu'il n'y a de changé que les noms et quelques formes. Entrons néanmoins plus profondément dans la question.

La conquête, chez les anciens, détruisoit souvent les nations entières; mais quand elle ne les détruisoit pas, elle laissoit intacts tous les objets de l'attachement le plus vif des hommes, leurs moeurs, leurs loix, leurs usages, leurs Dieux. Il n'en est pas de même dans les tems modernes. La vanité de la civilisation est plus tourmentante que l'orgueil de la barbarie. Celui-ci voit en masse: la première examine avec inquiétude et en détail.

Les conquérans de l'antiquité, satisfaits d'une obéissance générale, ne s'informoient pas de la vie domestique de leurs esclaves ni de leurs relations locales. Les peuples soumis retrouvoient presqu'en entier, au fond de leurs provinces lointaines, ce qui constitue le charme de la vie, les habitudes de l'enfance, les pratiques consacrées, cet entourage de souvenirs, qui, malgré l'assujettissement politique, conserve à un pays l'air d'une patrie.

Les conquérans de nos jours, peuples ou princes, veulent que leur empire ne présente qu'une surface unie, sur laquelle l'oeil superbe du pouvoir se promène, sans rencontrer aucune inégalité qui le blesse, ou borne sa vue. Le même code, les mêmes mesures, les mêmes réglemens, et, si l'on peut y parvenir, graduellement la même langue, voilà ce qu'on proclame la perfection de toute organisation sociale. La religion fait exception; peut être est-ce parcequ'on la méprise, la regardant comme une erreur usée, qu'il faut laisser mourir en paix. Mais cette exception est la seule, et l'on s'en dédommage, en séparant, le plus qu'on le peut, la religion des intérêts de la terre.

Sur tout le reste, le grand mot aujourd'hui, c'est l'uniformité. C'est dommage qu'on ne puisse abattre toutes les villes, pour les rebâtir toutes sur le même plan, niveler toutes les montagnes, pour que le terrein soit partout égal : et je m'étonne qu'on n'ait pas ordonné à tous les habitans de porter le même costume, afin que le maître ne rencontrât plus de bigarrure irrégulière et de choquante variété.

Il en résulte, que les vaincus, après les calamités qu'ils ont supportées dans leurs défaites, ont à subir un nouveau genre de malheurs. Ils ont d'abord été victimes d'une chimère de gloire; ils sont victimes ensuite d'une chimère d'uniformité.

Chapitre XIII.
De l'uniformité.

Il est assez remarquable que l'uniformité n'ait jamais rencontré plus de faveur que dans une révolution faite au nom des droits et de la liberté des hommes. L'esprit systématique s'est d'abord extasié sur la symmétrie. L'amour du pouvoir a bientôt découvert quel avantage immense cette symmétrie lui procuroit. Tandis que le patriotisme n'existe que par un vif attachement aux intérêts, aux moeurs, aux coutumes de localité, nos soi-disans patriotes ont déclaré la guerre à toutes ces choses. Ils ont tari cette source naturelle du patriotisme, et l'ont voulu remplacer par une passion factice envers un être abstrait, une idée générale, dépouillée de tout ce qui frappe l'imagination et de tout ce qui parle à la mémoire. Pour bâtir l'édifice, ils commençoient par broyer et réduire en poudre les matériaux qu'ils devoient employer. Peu s'en est fallu, qu'ils ne désignâssent par des chiffres les cités et les provinces, comme ils désignoient par des chiffres les légions et les corps d'armée, tant ils sembloient craindre qu'une idée morale ne put se rattacher à ce qu'ils instituoient !

Le despotisme, qui a remplacé la démagogie, et qui s'est constitué légataire du fruit de tous ses travaux, a persisté très habilement dans la route tracée. Les deux extrêmes se sont trouvés d'accord sur ce point, parce qu'au fond, dans les deux extrêmes, il y avoit volonté de tyrannie. Les intérêts et les souvenirs qui naissent des habitudes locales contiennent un germe de résistance, que l'autorité ne souffre qu'à regret, et qu'elle s'empresse de déraciner. Elle a meilleur marché des individus : elle roule sur eux sans efforts son poids énorme comme sur du sable.

Aujourd'hui l'admiration pour l'uniformité, admiration réelle dans quelques esprits bornés, affectée par beaucoup d'esprits serviles, est reçue comme un dogme religieux, par une foule d'échos assidus de toute opinion favorisée.

Appliqué à toutes les parties d'un empire, ce principe doit l'être à tous les pays que cet empire peut conquérir. Il est donc actuellement la suite immédiate et inséparable de l'esprit de conquête.

Mais chaque génération, dit l'un des étrangers qui a le mieux prévu nos erreurs dès l'origine, *chaque génération hérite de ses ayeux un trésor de richesses morales, trésor invisible et précieux, qu'elle lègue à ses descendans* *). La perte de ce trésor est pour un peuple un mal incalculable. En l'en dépouillant, vous lui otez tout sentiment de sa valeur et de sa dignité propre. Lors même que ce que vous y substituez vaudroit mieux, comme ce dont vous le privez lui étoit respectable, et que vous lui imposez votre amélioration par la force, le résultat de votre opération est simplement de lui faire commettre un acte de lâcheté qui l'avilit et le démoralise.

La bonté des loix est, osons le dire, une chose beaucoup moins importante, que l'esprit avec lequel une nation se soumet à ses loix et leur obéit. Si elle les chérit, si elle les observe, parce qu'elles lui paroissent émanées d'une source

---

*) Mr. Rehberg dans son excellent ouvrage sur le Code Napoléon, p. 8.

sainte, le don des générations dont elle révère les mânes, elles se rattachent intimément à sa moralité; elles annoblissent son caractère: et lors même qu'elles sont fautives, elles produisent plus de vertus et parlà plus de bonheur que des loix meilleures, qui ne seroient appuyées que sur l'ordre de l'autorité.

J'ai, pour le passé, je l'avoue, beaucoup de vénération : et chaque jour, à mesure que l'expérience m'instruit, ou que la réflexion m'éclaire, cette vénération augmente. Je le dirai, au grand scandale de nos modernes réformateurs, qu'ils s'intitulent Lycurgues ou Charlemagnes, si je voyois un peuple, auquel on auroit offert les institutions les plus parfaites, métaphysiquement parlant, et qui les refuseroit, pour rester fidèle à celles de ses pères, j'estimerois ce peuple, et je le croirois plus heureux, par son sentiment et par son ame, sous ses institutions défectueuses, qu'il ne pourroit l'être, par tous les perfectionnemens proposés.

Cette doctrine, je le conçois, n'est pas de nature à prendre faveur. On aime à faire des loix, on les croit excellentes: on s'enorgueillit de leur mérite. Le passé se fait tout seul : personne n'en peut reclamer la gloire *).

Indépendamment de ces considérations, et en séparant le bonheur d'avec la morale, remarquez que l'homme se plie aux institutions qu'il trouve établies, comme à des règles de la nature physique. Il arrange, d'après les défauts mêmes de ces institutions, ses intérêts, ses spéculations, tout son plan de vie. Leurs défauts s'adoucissent parce que toutes les fois qu'une institution dure long tems, il y a transaction entr'elle et les inté-

---

*) Je n'excepte du respect pour le passé que ce qui est injuste. Le tems ne sanctionne pas l'injustice. L'esclavage, par exemple, ne se légitime par aucun laps de tems. C'est que dans ce qui est intrinséquement injuste, il y a toujours une partie souffrante, qui ne peut en prendre l'habitude et pour laquelle en conséquence l'influence salutaire du passé n'existe pas. Ceux qui allèguent l'habitude en faveur de l'injustice, ressemblent à cette cuisinière françoise, à qui l'on reprochoit de faire souffrir des anguilles, en les écorchant. Elles y sont accoutumées, dit-elle. Il y a trente ans que je le fais.

rêts de l'homme. Ses relations, ses espérances se grouppent autour de ce qui existe. Changer tout cela, même pour le mieux, c'est lui faire mal.

Rien de plus absurde que de violenter les habitudes, sous prétexte de servir les intérêts. Le premier des intérêts, c'est d'être heureux, et les habitudes forment une partie essentielle du bonheur.

Il est évident que des peuples, placés dans des situations, élevés dans des coutumes, habitant des lieux dissemblables, ne peuvent être ramenés à des formes, à des usages, à des pratiques, à des loix absolument pareilles, sans une contrainte qui leur coute beaucoup plus qu'elle ne leur vaut. La série d'idées dont leur être moral s'est formé graduellement, et dès leur naissance, ne peut être modifiée par un arrangement purement nominal, purement extérieur, indépendant de leur volonté.

Même dans les états constitués depuis long tems, et dont l'amalgame a perdu l'odieux de la violence et de la conquête, on voit le patriotisme qui naît des variétés locales, seul genre de patriotisme véritable, renaître comme de ses cendres, dès que la main du pouvoir allège un instant son action. Les magistrats des plus petites communes se complaisent à les embellir. Ils en entretienent avec soin les monumens antiques. Il y a presque dans chaque village un érudit, qui aime à raconter ses rustiques annales, et qu'on écoute avec respect. Les habitans trouvent du plaisir à tout ce qui leur donne l'apparence même trompeuse d'être constitués en corps de nation, et réunis par des liens particuliers. On sent que s'ils n'étoient arrêtés dans le développement de cette inclination innocente et bienfaisante, il se formeroit bientôt en eux une sorte d'honneur communal, pour ainsi dire, d'honneur de ville, d'honneur de province, qui seroit à la fois une jouissance et une vertu. Mais la jalousie de l'autorité les surveille, s'allarme, et brise le germe prêt à éclore.

L'attachement aux coutumes locales tient à tous les sentimens désintéressés, nobles et pieux. Quelle politique déplorable que celle qui en fait de la rébellion! qu'arrive-t-il? que dans tous les états, ou l'on détruit ainsi toute vie partielle, un petit état se forme au centre: dans la capitale s'agglomèrent tous les intérêts: là vont s'agiter toutes les ambitions: le reste est immobile. Les individus, perdus dans un isolement contre nature, étrangers au lieu de leur naissance, sans contact avec le passé, ne vivant que dans un présent rapide, et jetés comme des atômes sur une plaine immense et nivelée, se détachent d'une patrie qu'ils n'aperçoivent nulle part, et dont l'ensemble leur devient indifférent, parce que leur affection ne peut se reposer sur aucune de ses parties.

La variété, c'est de l'organisation: l'uniformité, c'est du méchanisme. La variété, c'est la vie: l'uniformité, c'est la mort *).

---

*) Nous ne pouvons entrer dans la réfutation de tous les raisonnemens qu'on allègue en faveur de l'uniformité. Nous nous bornons à renvoyer le lecteur à deux autorités imposantes, Mr. de Montesquieu, Esprit des loix, XXIX, 18, et le Marquis de Mirabeau dans l'Ami des hommes. Ce dernier prouve très-bien, que même sur les objets sur lesquels on croit le plus utile d'établir l'uniformité, p. ex. sur les poids et mesures, l'avantage est beaucoup moins grand qu'on ne le pense, et accompagné de beaucoup plus d'inconvéniens.

La conquête a donc de nos jours un désavantage additionnel, et qu'elle n'avoit pas dans l'antiquité. Elle poursuit les vaincus dans l'intérieur de leur existence. Elle les mutile, pour les réduire à une proportion uniforme. Jadis les conquérans exigeoient que les députés des nations conquises parussent à genoux en leur présence. Aujourd'hui, c'est le moral de l'homme qu'on veut prosterner.

On parle sans cesse du grand empire, de la nation entière, notions abstraites, qui n'ont aucune réalité. Le grand empire n'est rien, quand on le conçoit à part des provinces. La nation entière n'est rien, quand on la sépare des fractions qui la composent. C'est en défendant les droits des fractions qu'on défend les droits de la nation entière : car elle se trouve repartie dans chacune de ces fractions. Si on les dépouille successivement de ce qu'elles ont de plus cher, si chacune, isolée pour être victime, redevient par une étrange métamorphose, portion du grand tout, pour servir de prétexte au sacrifice d'une autre portion, l'on immole à l'être abstrait les êtres réels ; l'on offre au peuple en masse l'holocauste du peuple en détail.

Il ne faut pas se le déguiser : les grands états ont de grands désavantages. Les loix partent d'un lieu tellement éloigné de ceux ou elles doivent s'appliquer, que des erreurs graves et fréquentes sont l'effet inévitable de cet éloignement. Le gouvernement prend l'opinion de ses alentours, ou tout au plus du lieu de sa résidence pour celle de tout l'empire. Une circonstance locale ou momentanée devient le motif d'une loi générale. Les habitans des provinces les plus reculées sont tout à coup surpris par des innovations inattendues, des rigueurs non méritées, des réglemens vexatoires, subversifs de toutes les bases de leurs calculs, et de toutes les sauvegardes de leurs intérêts, parce qu'à deux cents lieues, des hommes qui leur sont entièrement étrangers ont cru pressentir quelques périls, deviner quelqu'agitation, ou appercevoir quelque utilité.

On ne peut s'empêcher de regretter ces tems, ou la terre étoit couverte de peuplades nombreuses et animées, ou l'espèce humaine s'agitoit et s'exerçoit en tout sens, dans une sphère proportionnée à ses forces. L'autorité n'avoit pas besoin d'être dure pour être obéie. La liberté pouvoit être orageuse, sans être anarchique. L'éloquence dominoit les esprits et remuoit les ames. La gloire étoit à la portée du talent, qui, dans sa lutte contre la médiocrité, n'étoit pas submergé par les flots d'une multitude lourde et innombrable. La morale trouvoit un appui dans un public immédiat, spectateur et juge de toutes les actions, dans leurs plus petits détails et leurs nuances les plus délicates.

Ces tems ne sont plus. Les regrets sont inutiles. Du moins, puisqu'il faut renoncer à tous ces biens, on ne sauroit trop le répéter aux maîtres de la terre; qu'ils laissent subsister, dans leurs vastes empires, les variétés dont ils sont susceptibles, les variétés reclamées par la nature, consacrées par l'expérience. Une règle se fausse, lors qu'on l'applique à des cas trop divers: le joug devient pesant, par cela seul qu'on le maintient uniforme, dans des circonstances trop différentes.

Ajoutons que, dans le système des conquêtes, cette manie d'uniformité réagit des vaincus sur les vainqueurs. Tous perdent leur caractère national, leurs couleurs primitives: l'ensemble n'est plus qu'une masse inerte, qui, par intervalles, se réveille pour souffrir, mais qui d'ailleurs s'affaisse et s'engourdit sous le despotisme. Car l'excès du despotisme peut seul prolonger une combinaison qui tend à se dissoudre, et retenir sous une même domination des états que tout conspire à séparer. Le prompt établissement du pouvoir sans bornes, dit Montesquieu, est le remède, qui, dans ces cas, peut prévenir la dissolution, nouveau malheur, ajoute-t-il, après celui de l'aggrandissement.

Encore ce remède, plus fâcheux que le mal, n'est-il point d'une efficacité durable. L'ordre naturel des choses se venge des outrages qu'on veut lui faire, et plus la compression a été violente, plus la réaction se montre terrible.

———

Chapitre XIV.

Terme inévitable des succès d'une nation conquérante.

La force nécessaire à un peuple, pour tenir tous les autres dans la sujettion, est aujourd'hui, plus que jamais, un privilège qui ne peut durer. La nation, qui prétendroit à un pareil empire, se placeroit dans un poste plus périlleux que la peuplade la plus foible. Elle deviendroit l'objet d'une horreur universelle. Toutes les opinions, tous les voeux, toutes les haines la menaceroient, et tôt ou tard, ces haines, ces opinions et ces voeux éclateroient pour l'envelopper.

Il y auroit sans doute dans cette fureur contre tout un peuple quelque chose d'injuste. Un peuple tout entier n'est jamais coupable des excès que son chef lui fait commettre. C'est ce chef qui l'égare, ou, plus souvent encore, qui le domine, sans l'égarer.

Mais les nations, victimes de sa déplorable obéissance ne sauroient lui tenir compte des sentimens cachés que sa conduite dément. Elles reprochent aux instrumens le crime de la main qui les dirige. La France entière souffroit de l'ambition de Louis XIV et la détestoit : mais l'Europe accusoit la France de cette ambition, et la Suède a porté la peine du délire de Charles XII.

Lorsqu'une fois le monde auroit repris sa raison, reconquis son courage, vers quels lieux de la terre l'agresseur menacé tourneroit-il les yeux pour trouver des défenseurs ? à quels sentimens en appelleroit-il ? quelle apologie ne seroit pas décréditée d'avance, si elle sortoit de la même bouche, qui, durant sa prospérité coupable, auroit prodigué tant d'insultes, proféré tant de mensonges, dicté tant d'ordres de dévastation ? Invoqueroit-il la justice ? Il l'a violée. L'humanité ? il l'a foulée aux pieds. La foi jurée ? toutes ses entreprises ont commencé par le parjure. La sainteté des alliances ? il a traité ses alliés comme ses esclaves. Quel peuple auroit pu s'allier de bonne foi, s'associer volontairement à ses rêves gigantesques ? Tous auroient sans doute courbé momentanément la tête sous le joug dominateur ; mais ils l'auroient considéré comme une calamité passagère. Ils auroient attendu que le torrent eut cessé de rouler ses ondes, certains qu'il se perdroit un jour dans le sable aride, et qu'on pourroit fouler à pied sec le sol sillonné par ses ravages.

Compteroit-il sur les secours de ses nouveaux sujets? Il les a privés de tout ce qu'ils chérissoient et respectoient. Il a troublé la cendre de leurs pères et fait couler le sang de leurs fils.

Tous se coaliseroient contre lui. La paix, l'indépendance, la justice seroient les mots du ralliement général : et par cela même qu'ils auroient été longtems proscrits, ces mots auroient acquis une puissance presque magique. Les hommes, pour avoir été les jouets de la folie, auroient conçu l'enthousiasme du bon sens. Un cri de délivrance, un cri d'union retentiroit d'un bout du globe à l'autre. La pudeur publique se communiqueroit aux plus indécis : elle entraineroit les plus timides. Nul n'oseroit demeurer neutre, de peur d'être traître envers soi même.

Le conquérant verroit alors qu'il a trop présumé de la dégradation du monde. Il apprendroit que les calculs, fondés sur l'immoralité et sur la bassesse, ces calculs dont il se vantoit naguères comme d'une découverte sublime, sont aussi incertains qu'ils sont étroits, aussi trompeurs qu'ils sont ignobles. Il rioit de la niaiserie de la vertu, de cette confiance en un désintéressement qui lui paroissoit une chimère, de cet appel à une exaltation dont il ne pouvoit concevoir les motifs ni la durée, et qu'il étoit tenté de prendre pour l'accès passager d'une maladie soudaine. Maintenant il découvre que l'égoïsme a aussi sa niaiserie, qu'il n'est pas moins ignorant sur ce qui est bon que l'honnêteté sur ce qui est mauvais, et que pour connoître les hommes, il ne suffit pas de les mépriser. L'espèce humaine lui devient une énigme. On parle autour de lui de générosité, de sacrifices, de dévouement. Cette langue étrangère étonne ses oreilles: il ne sait pas négocier dans cet idiôme. Il demeure immobile, consterné de sa méprise, exemple mémorable du machiavélisme dupe de sa propre corruption.

Mais que feroit cependant le peuple qu'un tel maître auroit conduit à ce terme? Qui pourroit s'empêcher de plaindre ce peuple, s'il étoit naturellement doux, éclairé, sociable, susceptible de tous les sentimens délicats, de tous les courages héroïques, et qu'une fatalité déchaînée sur lui l'eut rejeté de la sorte loin des sentiers de la civilisation et de la morale? qu'il sentiroit profondément sa propre misère! Ses confidences intimes, ses entretiens, ses lettres, tous les épanchemens qu'il croiroit dérober à la surveillance, ne seroient qu'un cri de douleur.

Il interrogeroit tour à tour et son chef, et sa conscience.

Sa conscience lui répondroit, qu'il ne suffit pas de se dire contraint pour être excusable, que ce n'est pas assez de séparer ses opinions de ses actes, de désavouer sa propre conduite, et de murmurer le blame, en coopérant aux attentats.

Son chef accuseroit probablement les chances de la guerre, la fortune inconstante, la destinée capricieuse. Beau résultat, vraiment, de tant d'angoisses, de tant de souffrances, et de vingt générations balayées par un vent funeste et précipitées dans la tombe!

CHAPITRE XV.

Résultats du systéme guerrier à l'époque actuelle.

Les nations commerçantes de l'Europe moderne, industrieuses, civilisées, placées sur un sol assez étendu pour leurs besoins, ayant avec les autres peuples des relations dont l'interruption devient un désastre, n'ont rien à espérer des conquêtes. Une guerre inutile est donc aujourd'hui le plus grand attentat qu'un gouvernement puisse commettre. Elle ébranle, sans compensation, toutes les garanties sociales. Elle met en péril tous les genres de liberté, blesse tous les intérêts, trouble toutes les sécurités, pèse sur toutes les fortunes, combine et autorise tous les modes de tyrannie intérieure et extérieure. Elle introduit dans les formes judiciaires une rapidité destructive de leur sainteté, comme de leur but : elle tend à représenter tous les hommes que les agens de l'autorité voyent avec malveillance, comme des complices de l'ennemi étranger : elle déprave les générations naissantes : elle divise le peuple en deux parts, dont l'une méprise l'autre, et passe volontiers du mépris à l'injustice : elle prépare des destructions futures par des destructions passées : elle achète par les malheurs du présent les malheurs de l'avenir.

Ce sont là des vérités, qui ont besoin d'être souvent répétées ; car l'autorité, dans son dédain superbe, les traite comme des paradoxes, en les appelant des lieux communs.

Il y a d'ailleurs, parmi nous, un assez grand nombre d'écrivains, toujours au service du système dominant, vrais lansquenets sauf la bravœure, à qui les désaveux ne coutent rien, que les absurdités n'arrêtent pas, qui cherchent partout une force dont ils réduisent les volontés en principes, qui reproduisent toutes les doctrines les plus opposées, et qui ont un zèle d'autant plus infatigable qu'il se passe de leur conviction. Ces écrivains ont répété à satiété, quand ils en avoient reçu le signal, que la paix étoit le besoin du monde. Mais ils disent en même tems que la gloire militaire est la première des gloires, et que c'est par l'éclat des armes que la France doit s'illustrer. J'ai peine à m'expliquer, comment la gloire militaire s'acquiert autrement que par la guerre, ou comment l'éclat des armes se concilie avec cette paix dont le monde a besoin. Mais que leur importe? Leur but est de rédiger des phrases suivant la direction du jour. Du fond de leur cabinet obscur, ils vantent, tantôt la démagogie, tantôt le despotisme, tantôt le carnage, lançant, pour autant qu'il est en eux, tous les fléaux sur l'humanité, et prêchant le mal, faute de pouvoir le faire.

Je me suis demandé quelquefois ce que répondroit l'un de ces hommes qui veulent renouveller Cambyse, Alexandre ou Attila, si son peuple prenoit la parole, et s'il lui disoit: la nature vous a donné un coup d'oeil rapide, une activité infatigable, un besoin dévorant d'émotions fortes, une soif inextinguible de braver le danger pour le surmonter, et de rencontrer des obstacles pour les vaincre. Mais est-ce à nous à payer le prix de ces facultés? n'existons-nous, que pour qu'à nos dépens, elles soient exercées? Ne sommes nous là, que pour vous frayer de nos corps expirans une route vers la renommée? Vous avez le génie des combats: que nous fait votre génie? Vous vous ennuyez dans le désoeuvrement de la paix: que nous importe votre ennui? Le léopard aussi, si on le transportoit dans nos cités populeuses, pourroit se plaindre de n'y pas trouver ces forêts épaisses, ces plaines immenses, ou il se délectoit à poursuivre, à saisir et à dévorer sa proye, ou sa vigueur se déployoit dans la course rapide et dans l'élan prodigieux. Vous êtes comme lui d'un autre climat, d'une autre terre, d'une autre espèce que nous. Apprenez la civilisation, si vous voulez régner à une époque civilisée. Apprenez la paix, si vous prétendez régir des peuples pacifiques: ou cherchez ailleurs des instrumens qui vous ressemblent, pour qui le repos ne soit rien, pour qui la vie n'ait de charmes que lorsqu'ils la risquent au sein de la mêlée, pour qui la société n'ait créé ni les affections douces, ni les habitudes stables, ni les arts ingénieux, ni la pensée calme et profonde, ni toutes ces jouissances nobles ou élégantes, que le souvenir rend plus précieuses et que double la sécurité. Ces choses sont l'héritage de nos pères, c'est notre patrimoine. Homme d'un autre monde, cessez d'en dépouiller celui-ci.

Qui pourroit ne pas applaudir à ce langage ? Le traité ne tarderoit pas à être conclu, entre des nations qui ne voudraient qu'être libres, et celle que l'univers ne combattrait que pour la contraindre à être juste. On la verrait avec joye abjurer enfin sa longue patience, réparer ses longues erreurs, exercer pour sa réhabilitation un courage naguères trop déplorablement employé. Elle se replaceroit, brillante de gloire, parmi les peuples civilisés, et le système des conquêtes, ce fragment d'un état de choses qui n'existe plus, cet élément désorganisateur de tout ce qui existe, seroit de nouveau banni de la terre, et flétri, par cette dernière expérience, d'une éternelle réprobation.

DE L'ESPRIT DE CONQUETE
ET
DE L'USURPATION,
dans leurs rapports avec la civilisation Européenne.

SECONDE PARTIE.
DE L'USURPATION.

CHAPITRE I.
But précis de la Comparaison entre l'Usurpation et la Monarchie.

Mon but n'est nullement, dans cet ouvrage, de me livrer à l'examen des diverses formes de gouvernement.

Je veux opposer un gouvernement régulier à ce qui n'en est pas un, mais non comparer les gouvernemens réguliers entr'eux. Nous n'en sommes plus aux tems où l'on déclaroit la monarchie un pouvoir contre nature; et je n'écris pas non plus dans le pays où il est ordonné de proclamer que la république est une institution anti-sociale.

Il y a vingt ans, qu'un homme d'horrible mémoire, dont le nom ne doit plus souiller aucun écrit, puisque la mort a fait justice de sa personne, disoit, en examinant la Constitution anglaise: j'y vois un Roi, je recule d'horreur. Il y a dix ans qu'un anonyme, prononçoit le même anathême contre les gouvernements républicains *), tant il est vrai, qu'à de certains époques, il faut parcourir tout le cercle des folies, pour revenir a la raison. **)

---

*) Essais de Morale et de Politique. Paris 1804.

**) Il y a un esprit de parti absurde et une ignorance profonde à vouloir réduire à des termes simples la question de la république et de la monarchie: comme, si la première n'étoit que le gouvernement de plusieurs et la seconde celui d'un seul. Réduite à ces termes, l'une n'assure point le repos, l'autre ne garantit point la liberté. Y avoit-il du repos à Rome sous Néron, sous Domitien, sous Héliogabale, à Syracuse sous Denys, en France sous Louis XI. ou sous Charles IX.? Y avoit-il de la liberté sous les Décemvirs, sous le long Parlement, sous la

Quant à moi, je ne me réunirai point aux détracteurs des républiques. Celles de l'antiquité, ou les facultés de l'homme se développoient dans un champ si vaste, tellement fortes de leurs propres forces, avec un tel sentiment d'énergie et

---

convention ou même le directoire ? L'on peut concevoir un peuple gouverné par des hommes qui paroisseut de son choix, et ne jouïssant d'aucune liberté, si ces hommes forment une faction dans l'état, et si leur puissance est illimitée. On peut aussi concevoir un peuple soumis à un chef unique, et ne goutant aucun repos, si ce chef n'est contenu ni par la loi ni par l'opinion. D'un autre coté, une république pourroit se trouver tellement organisée que l'autorité y fut assez forte pour maintenir l'ordre : et quant à la monarchie, pour ne citer qu'un exemple, qui osera nier qu'en Angleterre, depuis cent vingt ans, l'on n'ait joui de plus de sureté personnelle et de plus de droits politiques que n'en procurerent jamais à la France ses essais de république, dont les institutions informes et imparfaites disséminoient l'arbitraire et multiplioient les tyrans ?

Que de questions de détail, d'ailleurs, dont chacune seroit nécessaire à examiner ! La mode dignité, remplissent toutes les ames qui ont quelque valeur d'une émotion d'un genre profond et particulier. Les vieux élémens d'une nature antérieure, pour ainsi dire, à la nôtre, semblent se réveiller en nous à ces souvenirs. Les répu-

---

narchie est-elle la même chose, suivant que son établissement remonte à des siècles reculés, ou date d'une époque récente; suivant que la famille régnante est de tems immémorial sur le trone, comme les descendans de Hugues Capet, ou qu'étrangère par son origine, elle a été appelée à la couronne par le voeu du peuple, comme en Angleterre, en 1688, ou qu'elle est enfin tout-à-fait nouvelle, et sortie, par d'heureuses circonstances de la foule de ses égaux ; suivant encore que la monarchie est accompagnée d'une ancienne noblesse héréditaire, comme dans presque tous les états de l'Europe, ou qu'une seule famille s'élève isolément, et se voit forcée de créer à la hâte une noblesse sans ayeux ; suivant que cette noblesse est féodale, comme en Allemagne, purement honorifique, comme elle l'étoit en France, ou qu'elle forme une sorte de magistrature, comme la chambre des Pairs. etc. etc.

bliques de nos tems modernes, moins brillantes et plus paisibles, ont favorisé d'autres développemens de facultés et créé d'autres vertus. Le nom de la Suisse rappelle cinq siècles de bonheur privé et de loyauté publique. Le nom de la Hollande en retrace trois d'activité, de bon sens, de fidélité, et d'une probité scrupuleuse, jusqu'au milieu des dissentions civiles, et même sous le joug de l'étranger: et l'imperceptible Genève a fourni aux annales des sciences, de la philosophie et de la morale, une moisson plus ample que bien des Empires cent fois plus vastes et plus puissans.

D'une autre part, en considérant les monarchies de nos jours, ces monarchies, où maintenant les peuples et les Rois sont réunis par une confiance réciproque, et ont contracté une sincère alliance, on doit se plaire à leur rendre hommage. Celui là seroit bien peu fait pour apprécier la nature humaine, qui auroit pu contempler froidement les transports de ces peuples, au retour de leurs anciens chefs, et qui resteroit insensible témoin de cette passion de loyauté, qui est aussi, pour l'homme, une noble jouissance.

Enfin, lorsqu'on réfléchit que l'Angleterre est une monarchie, et que l'on y voit tous les droits des citoyens hors d'atteinte, l'élection populaire maintenant la vie dans le corps politique, malgré quelques abus plus apparens que réels, la liberté de la presse respectée, le talent assuré de son triomphe, et, dans les individus de toutes les classes, cette sécurité fière et calme de l'homme environné de la loi de sa patrie, sécurité dont naguères, dans notre continent misérable, nous avions perdu jusqu'au dernier souvenir, comment ne pas rendre justice à des institutions qui garantissent un pareil bonheur? Il y a quelques mois, que chacun, regardant autour de soi, se demandoit dans quel azyle obscur, si l'Angleterre étoit subjuguée, il pourroit écrire, parler, penser, respirer.

Mais l'usurpation ne présente aux peuples ni les avantages d'une monarchie, ni ceux d'une république, l'usurpation n'est point la monarchie, ce qui fait qu'on a méconnu cette vérité, c'est que voyant dans l'une comme dans l'autre, un seul homme dépositaire de la puissance, l'on n'a pas suffisamment distingué deux choses qui ne se ressemblent que sous ce rapport.

Chapitre II.

Différences entre l'Usurpation et la Monarchie.

L'habitude qui veille au fond de tous les coeurs
Les frappe de respect, les poursuit de terreurs,
Et sur la foule aveugle un instant égarée,
Exerce une puissance invisible et sacrée,
Héritage des tems, culte du souvenir,
Qui toujours au passé ramène l'avenir.

     Wallstein Act. II. Sc. 4.

Ἄπας δέ τραχὺς ὅστις ἂν νέον κρατεῖ.

    Eschyle Prometh.

  La monarchie, telle qu'elle existe dans la plupart des états Européens, est une institution modifiée par le tems, adoucie par l'habitude. Elle est entourée de corps intermédiaires qui la soutiennent à la fois et la limitent: et sa transmission régulière et paisible rend la soumission plus facile et la puissance moins ombrageuse. Le Monarque est en quelque sorte un être abstrait. On voit en lui non pas un individu, mais une race entière de Rois, une tradition de plusieurs siècles.

  L'usurpation est une force qui n'est modifiée ni adoucie par rien. Elle est nécessairement empreinte de l'individualité de l'usurpateur, et cette individualité, par l'opposition qui existe entr'elle et tous les interêts antérieurs, doit être dans un état perpétuel de défiance et d'hostilité.

La monarchie n'est point une préférence, accordée à un homme aux dépens des autres: c'est une suprématie consacrée d'avance: elle décourage les ambitions, mais n'offense point les vanités. L'usurpation exige de la part de tous une abdication immédiate, en faveur d'un seul: elle souléve toutes les prétentions: elle met en fermentation tous les amours propres. Lorsque le mot de Pédaréte porte sur trois cents hommes, il est moins difficile à prononcer, que lorsqu'il porte sur un seul.

Ce n'est pas tout de se déclarer Monarque héréditaire. Ce qui constitue tel, ce n'est pas le trône qu'on veut transmettre, mais le trône qu'on a hérité. On n'est monarque héréditaire qu'après la seconde génération. Jusques alors, l'usurpation peut bien s'intituler monarchie: mais elle conserve l'agitation des révolutions qui l'ont fondée: ces prétendues dynasties nouvelles sont aussi orageuses que les factions, ou aussi oppressives que la tyrannie. C'est l'anarchie de Pologne, ou le despotisme de Constantinople. Souvent c'est tous les deux.

Un Monarque, montant sur le trône que ses ancêtres ont occupé, suit une route dans la quelle il ne s'est point lancé par sa volonté propre. Il n'a point sa réputation à faire : il est seul de son espéce : on ne le compare à personne. Un usurpateur est exposé à toutes les comparaisons que suggérent les regrets, les jalousies ou les espérances ; il est obligé de justifier fon élévation : il a contracté l'engagement tacite d'attacher de grands résultats à une si grande fortune : il doit craindre de tromper l'attente du public, qu'il a si puissamment éveillée. L'inaction la plus raisonnable, la mieux motivée lui devient un danger. *Il faut donner aux François tous les trois mois,* disoit un homme qui s'y entend bien, *quelque chose de nouveau :* il a tenu parole.

Or c'est, sans doute, un avantage que d'être propre à de grandes choses, quand le bien général l'exige : mais c'est un mal, que d'être condamné à de grandes choses, pour sa considération personnelle, quand le bien général ne l'exige pas. L'on a beaucoup déclamé contre les Rois fainéans. Dieu nous rende leur fainéantise, plutôt que l'activité d'un usurpateur !

Aux inconvéniens de la position, joignez les

vices du caractère: car il y en a que l'usurpation implique, et il y en a encore que l'usurpation produit.

Que de ruses, que de violences, que de parjures elle nécessite! Comme il faut invoquer des principes qu'on se prépare à fouler aux pieds, prendre des engagemens que l'on veut enfreindre, se jouer de la bonne foi des uns, profiter de la faiblesse des autres, éveiller l'avidité là ou elle sommeille, enhardir l'injustice, là ou elle se cache, la dépravation, là ou elle est timide, mettre, en un mot, toutes les passions coupables comme en serre chaude, pour que la maturité soit plus rapide, et que la moisson soit plus abondante!

Un monarque arrive noblement au trône; un usurpateur s'y glisse à travers la boue et le sang, et quand il y prend place, sa robe tachée porte l'empreinte de la carrière qu'il a parcourue.

Croit-on que le succés viendra, de sa baguette magique, le purifier du passé? Tout au contraire, il ne seroit pas corrompu d'avance, que le succés suffirait pour le corrompre.

L'éducation des Princes, qui peut être défectueuse sous bien des rapports, a cet avantage, qu'elle les prépare, si non toujours à remplir dignément les fonctions du rang suprême, du moins à n'être pas ébloui de son éclat. Le fils d'un Roi, parvenant au pouvoir, n'est point transporté dans une sphère nouvelle. Il jouit avec calme de ce qu'il a, depuis sa naissance, considéré comme son partage. La hauteur à laquelle il est placé ne lui cause point de vertiges. Mais la tête d'un usurpateur n'est jamais assez forte, pour supporter cette élévation subite. Sa raison ne peut résister à un tel changement de toute son existence. L'on a remarqué, que les particuliers mêmes, qui se trouvoient soudain investis d'une extrême richesse, concevoient des desirs, des caprices, et des fantaisies désordonnées. Le superflu de leur opulence les enyvre, parce que l'opulence est une force ainsi que le pouvoir. Comment n'en seroit-il pas de même de celui qui s'est emparé illégalement de toutes les forces, et approprié illégalement tous les trésors? Illégalement, dis-je, car il y a quelque chose de miraculeux dans la conscience de la légitimité. Notre siècle, fertile en expériences de tout genre, nous en fournit une preuve remarquable. Voyez ces deux hommes, l'un que le voeu d'un peuple et l'adoption d'un Roi ont appelé au trône, l'autre qui s'y est lancé, appuyé seulement sur sa volonté propre, et sur l'assentiment arraché à la terreur.

le premier, confiant et tranquille, a pour allié le passé: il ne craint point la gloire de ses ayeux adoptifs, il la rehausse par sa propre gloire. Le second, inquiet et tourmenté, ne croit pas aux droits qu'il s'arroge, bien qu'il force le monde à les reconnoître. L'illégalité le poursuit comme un fantôme: il se réfugie vainement et dans le faste et dans la victoire. Le spectre l'accompagne, au sein des pompes et sur les champs de bataille. Il promulgue des loix et il les change: il établit des constitutions et il les viole: il fonde des empires et il les renverse: il n'est jamais content de son édifice bâti sur le sable et dont la baze se perd dans l'abyme.

Si nous parcourons tous les détails de l'administration extérieure et intérieure, partout nous verrons des différences, au désavantage de l'usurpation, et à l'avantage de la monarchie.

Un Roi n'a pas besoin de commander ses armées. D'autres peuvent combattre pour lui, tandis que ses vertus pacifiques le rendent cher et respectable à son peuple. L'usurpateur doit être toujours à la tête de ses Prétoriens. Il en seroit le mépris, s'il n'en étoit l'idole.

Ceux qui corrompirent les Républiques grecques, dit Montesquieu, *ne devinrent pas toujours tyrans. C'est qu'ils s'étoient plus atta-*

chés à l'éloquence qu'à l'art militaire *). Mais dans nos associations nombreuses, l'éloquence est impuissante, l'usurpation n'a d'autre appui que la force armée: pour la fonder, cette force est nécessaire: elle l'est encore pour la conserver.

Delà, sous un usurpateur, des guerres sans cesse renouvellées: ce sont des prétextes pour s'entourer de gardes; ce sont des occasions pour façonner ces gardes à l'obéissance; ce sont des moyens d'éblouir les esprits, et de suppléer, par le prestige de la conquête, au prestige de l'antiquité. L'usurpation nous ramène au système guerrier; elle entraine donc tous les inconvéniens que nous avons rencontrés dans ce système.

La gloire d'un Monarque légitime s'accroit des gloires environnantes. Il gagne à la considération dont il entoure ses ministres. Il n'a nulle concurrence à redouter. L'usurpateur, pareil n'aguères, ou même inférieur à ses instrumens, est obligé de les avilir, pour qu'ils ne deviennent pas ses rivaux. Il les froisse, pour les employer. Aussi, regardez-y de près, toutes les ames fières s'éloignent: et quand les ames fières s'éloignent,

---

*) Esprit des Loix VIII. 1.

que reste-t-il ? Des hommes, qui savent ramper, mais ne sauroient défendre, des hommes, qui insulteroient les premiers, après sa chute, le maître qu'ils auroient flatté.

Ceci fait que l'usurpation est plus dispendieuse que la monarchie. Il faut d'abord payer les agens pour qu'ils se laissent dégrader : il faut ensuite payer encore ces agens dégradés, pour qu'ils se rendent utiles. L'argent doit faire le service et de l'opinion et de l'honneur. Mais ces agens, tout corrompus et tout zélés qu'ils sont, n'ont pas l'habitude du gouvernement. Ni eux, ni leur maître, nouveau comme eux, ne savent tourner les obstacles. A chaque difficulté qu'ils rencontrent, la violence leur est si commode qu'elle leur paroit toujours nécessaire. Ils seroient tyrans par ignorance, s'ils ne l'étoient par intention. Vous voyez les mêmes institutions subsister dans la monarchie durant des siècles. Vous ne voyez pas un usurpateur qui n'ait vingt fois révoqué ses propres loix, et suspendu les formes qu'il venoit d'instituer, comme un ouvrier novice et impatient brise ses outils.

Un monarque héréditaire peut exister à côté, ou pour mieux dire, à la tête d'une noblesse antique et brillante; il est, comme elle, riche de souvenirs. Mais là où le monarque voit des soutiens, l'usurpateur voit des ennemis. Toute noblesse, dont l'existence a précédé la sienne, doit lui faire ombrage. Il faut que, pour appuyer sa nouvelle dynastie, il crée une nouvelle noblesse. Mais voulez-vous savoir ce que sera cette noblesse nouvelle? Durant la guerre des paysans de la Souabe contre leurs Seigneurs, les premiers revêtoient souvent les armes de leurs maîtres qu'ils avoient tués: qu'arrivait-il? Sous le casque doré du noble, on reconnoissoit le paysan, et l'armure chevaleresque étoit un travestissement, aulieu d'être une parure.

Il y a confusion d'idées, dans ceux qui partent des avantages d'une hérédité déjà reconnue, pour en conclure la possibilité de créer l'hérédité. La noblesse engage, envers un homme et ses descendans, le respect des générations, nonseulement futures, mais contemporaines. Or ce dernier point est le plus difficile. On peut bien admettre un traité pareil, lorsqu'en naissant on le trouve sanctionné: mais assister au contrat et s'y résigner, est impossible, si l'on n'est la partie avantagée.

L'hérédité s'introduit, dans des siècles de simplicité ou de conquête: mais on ne l'institue pas, au milieu de la civilisation. Elle peut alors se conserver, mais non s'établir. Toutes les institutions, qui tiennent du prestige, ne sont jamais l'effet de la volonté: elles sont l'ouvrage des circonstances. Tous les terreins sont propres aux allignemens géométriques. La nature seule produit les sites et les effets pittoresques. Une hérédité qu'on voudroit édifier, sans qu'elle reposât sur aucune tradition respectable et presque mystérieuse, ne domineroit point l'imagination. Les passions ne seroient point désarmées; elles s'irriteroient au contraire davantage, contre une inégalité, subitement érigée en leur présence et à leurs dépens. Lorsque CROMWELL voulut instituer une chambre haute, il y eut révolte générale dans l'opinion d'Angleterre. Les anciens pairs refusèrent d'en faire partie: et la nation refusa de son côté de reconnoitre comme pairs ceux qui se rendirent à l'invitation *).

---

*) Un pamphlet publié contre la prétendue chambre haute du tems de Cromwell est une preuve remarquable de l'impuissance de l'autorité dans les institutions de ce genre. v. a seasonable

On crée néanmoins de nouveaux nobles, objectera-t-on. C'est que l'illustration de l'ordre entier rejaillit sur eux. Mais si vous créez à la fois le corps et les membres, où sera la source de l'illustration ?

Des raisonnemens du même genre se reproduisent, relativement à ces assemblées, qui, dans quelques monarchies, défendent ou représentent le peuple. Le Roi d'Angleterre est vénérable, au milieu de son parlement. Mais c'est qu'il n'est pas, nous le répétons, un simple individu. Il représente aussi la longue suite des Rois qui l'ont précédé. Il n'est pas éclipsé par les mandataires de la nation : mais un seul homme, sorti de la foule, est d'une stature trop diminutive : et pour soutenir le parallèle, il faut que cette stature devienne terrible. Les représentans d'un peuple, sous un usurpateur, doivent être ses esclaves, pour n'être pas ses maîtres. Or de tous les fléaux politiques, le plus effroyable est une assemblée, qui n'est que l'instrument d'un seul homme. Nul n'oserait vouloir en son nom ce qu'il ordonne à ses agens de vouloir, lorsqu'ils

---

Speech made by a worthy member of Parliament in the house of Commons, concerning the other house. March, 1659.

se disent les interprètes libres du vœu national. Songez au Sénat de Tibère, songez au Parlement d'Henri VIII.

Ce que j'ai dit de la noblesse s'applique également à la propriété. Les anciens propriétaires sont les appuis naturels d'un monarque légitime: ils sont les ennemis nés d'un usurpateur. Or je pense qu'il est reconnu, que, pour qu'un gouvernement soit paisible, la puissance et la propriété doivent être d'accord. Si vous les séparez, il y aura lutte: et à la fin de cette lutte, ou la propriété sera envahie, ou le gouvernement sera renversé.

Il paroit plus facile, à la vérité, de créer de nouveaux propriétaires que de nouveaux nobles: mais il s'en faut, qu'enrichir des hommes devenus puissans soit la même chose, qu'investir du pouvoir des hommes qui étoient nés riches. La richesse n'a point un effet retroactif. Conférée tout à coup à quelques individus, elle ne leur donne ni cette sécurité sur leur situation, ni cette absence d'interêts étroits, ni cette éducation soignée, qui forment ses principaux avantages. On ne prend pas l'esprit propriétaire, aussi lestement qu'on prend la propriété. A Dieu ne plaise que je veuille infinuer ici, que la richesse doit constituer un privilège. Toutes les facultés naturelles, comme tous les avantages sociaux, doivent trouver leur place dans l'organisation politique : et le talent n'est certes pas un moindre trésor que l'opulence. Mais dans une société bien organisée, le talent conduit à la propriété. Le corps des anciens propriétaires se recrute ainsi de nouveaux membres, et c'est la seule manière dont un changement progressif, imperceptible et toujours partiel doive s'opérer. L'acquisition lente, et graduelle d'une propriété légitime est autre chose que la conquête violente d'une propriété qu'on enlève. L'homme qui s'enrichit par son industrie ou ses facultés apprend à mériter ce qu'il acquiert. Celui qu'enrichit la spoliation ne devient que plus indigne de ce qu'il ravit.

Plus d'une fois, durant nos troubles, nos maîtres d'un jour, qui nous entendoient regretter le gouvernement des propriétaires, ont eu la tentation de devenir propriétaires, pour se rendre plus dignes de nous gouverner. Mais quand ils se seroient investis en quelques heures de propriétés considérables, par une volonté qu'ils auroient appelée loi, le peuple et eux mêmes auroient pensé, que ce que la loi avoit conféré, la loi pouvoit le reprendre ; et la propriété, au lieu de protéger l'institution, auroit eu continuellement besoin d'être protégée par elle. En richesse, comme en autre chose, rien ne supplée au tems.

D'ailleurs, pour enrichir les uns, il faut appauvrir les autres. Pour créer de nouveaux propriétaires, il faut dépouiller les anciens. L'usurpation générale doit s'entourer d'usurpations partielles, comme d'ouvrages avancés qui la défendent. Pour un intérêt qu'elle se concilie, dix s'arment contr'elle.

Ainsi donc, malgré la ressemblance trompeuse qui paraît exister entre l'usurpation et la monarchie, considérées toutes deux comme le pouvoir remis à un seul homme, rien n'est plus différent. Tout ce qui fortifie la seconde menace la première ; tout ce qui est dans la monarchie, une cause d'union, d'harmonie et de repos, est dans l'usurpation une cause de résistance, de haine et de secousses.

Ces raisonnemens ne militent pas avec moins de force pour les républiques, quand elles ont existé long tems. Alors elles acquièrent, comme les monarchies, un héritage de traditions, d'usages, et d'habitudes. L'usurpation seule, nue et dépouillée de toutes ces choses, erre au hazard, le glaive en main, cherchant de tous côtés, pour couvrir sa honte, des lambeaux qu'elle déchire et qu'elle ensanglante, en les arrachant.

Chapitre III.

D'un rapport, sous lequel l'usurpation est plus fâcheuse que le despotisme le plus absolu.

Je ne suis point assurément le partisan du despotisme: mais s'il falloit choisir entre l'usurpation et un despotisme consolidé, je ne sai si ce dernier ne me semblerait pas préférable.

Le despotisme bannit toutes les formes de la liberté: l'usurpation, pour motiver le renversement de ce qu'elle remplace, a besoin de ces formes: mais en s'en emparant, elle les profane. L'existence de l'esprit public lui étant dangereuse, et l'apparence de l'esprit public lui étant nécessaire, elle frappe d'une main le peuple, pour étouffer l'opinion réelle, et elle le frappe encore de l'autre, pour le contraindre au simulachre de l'opinion supposée.

Quand le grand Seigneur envoye le cordon à l'un des ministres disgraciés, les bourreaux sont muets, comme la victime. Quand un usurpateur proscrit l'innocence, il ordonne la calomnie, pour que, répétée, elle paroisse un jugement national. Le despote interdit la discussion, et n'exige que l'obéissance: l'usurpateur prescrit un examen dérisoire, comme préface de l'approbation.

Cette contrefaction de la liberté réunit tous les maux de l'anarchie et tous ceux de l'esclavage. Il n'y a point de terme à la tyrannie, qui veut arracher les symptomes du consentement. Les hommes paisibles sont persécutés comme indifférens, les hommes énergiques comme dangereux. La servitude est sans repos, l'agitation sans jouissance. Cette agitation ne ressemble à la vie morale, que comme ressemblent à la vie physique ces convulsions hideuses, qu'un art plus effrayant qu'utile imprime aux cadavres sans les ranimer.

C'est l'usurpation qui a inventé cette prétendue sanction du peuple, ces adresses d'adhésion, tribut monotone; qu'à toutes les époques, les mêmes hommes prodiguent aux mesures les plus opposées. La peur y vient singer tous les dehors du courage, pour se féliciter de la honte et pour remercier du malheur. Singulier genre d'artifice, dont nul n'est la dupe! Comédie convenue, qui n'en impose à personne, et qui depuis longtems auroit du succomber sous les traits du ridicule! Mais le ridicule attaque tout, et ne détruit rien. Chacun pense avoir reconquis, par la moquerie, l'honneur de l'indépendance, et content d'avoir désavoué ses actions par ses paroles, se trouve à l'aise pour démentir ses paroles par ses actions.

Qui ne sent, que plus un gouvernement est oppressif, plus les citoyens épouvantés s'empresseront de lui faire hommage de leur enthousiasme de commande! Ne voyez vous pas, à coté des régistres que chacun signe d'une main tremblante, ces délateurs et ces soldats? Ne lisez vous pas ces proclamations déclarant factieux ou rebelles ceux dont le suffrage seroit négatif? Qu'est ce qu'interroger un peuple, au milieu des cachots et sous l'empire de l'arbitraire, sinon demander aux adversaires de la puissance une liste pour les reconnoître, et pour les frapper à loisir?

L'usurpateur cependant enrégistre ces acclamations et ces harangues. L'avenir le jugera sur ces monumens érigés par lui. Ou le peuple fut tellement vil, dira-t-on, le gouvernement dut être tyrannique. Rome ne se prosternoit pas devant Marc-aurèle, mais devant Tibère et Caracalla.

Le despotisme étouffe la liberté de la presse: l'usurpation la parodie. Or quand la liberté de la presse est tout à fait comprimée, l'opinion sommeille, mais rien ne l'égare. Quand au contraire des ecrivains soudoyés s'en saisissent, ils discutent, comme s'il étoit question de convaincre: ils s'emportent, comme s'il y avoit de l'opposition: ils insultent, comme si l'on possédoit la faculté de répondre. Leurs diffamations absurdes précédent des condamnations barbares: leurs plaisanteries féroces préludent à d'illégales condamnations. Leurs démonstrations nous feroient croire que leurs victimes résistent, comme, en voyant de loin les danses frénétiques des sauvages, autour des captifs qu'ils tourmentent, on diroit qu'ils combattent les malheureux qu'ils vont dévorer.

Le despotisme, en un mot, règne par le silence, et laisse à l'homme le droit de se taire:

L'usurpation le condamne à parler : elle le poursuit dans le sanctuaire intime de sa pensée : et le forcant à mentir à sa conscience, elle lui ravit la dernière consolation qui reste encore à l'opprimé.

Quand un peuple n'est qu'esclave, sans être avili, il y a pour lui possibilité d'un meilleur état de choses. Si quelque circonstance heureuse le lui présente, il s'en montre digne. Le despotisme laisse cette chance à l'espèce humaine. Le joug de Philippe II. et les échaffauds du Duc d'Albe ne dégradèrent point les généreux Hollandois. Mais l'usurpation avilit un peuple, en même tems qu'elle l'opprime : elle l'accoutume à fouler aux pieds ce qu'il respectoit, à courtiser ce qu'il méprise, à se mépriser lui même : et pour peu qu'elle se prolonge, elle rend, même après sa chute, toute liberté, toute amélioration impossible. On renverse Commode : mais les Prétoriens mettent l'empire à l'enchère, et le peuple obéit à l'acheteur.

En pensant aux usurpateurs fameux que l'on nous vante de siècle en siècle, une seule chose me semble admirable, c'est l'admiration qu'on a pour eux. César et cet Octave, qu'on appelle Auguste, sont des modèles en ce genre. Ils commencèrent par la proscription de tout ce qu'il y avoit d'éminent à Rome. Ils poursuivirent, par la dégradation de tout ce qui restoit de noble. Ils finirent par léguer au monde Vitellius, Domitien, Héliogabale, et enfin les Vandales et les Goths.

Chapitre IV.
Que l'usurpation ne peut subsister à notre époque de la civilisation.

Après ce tableau fidèle de l'usurpation, il sera consolant de démontrer qu'elle est aujourd'hui un anachronisme non moins grossier que le système des conquêtes.

Les républiques subsistent, de par le sentiment profond que chaque citoyen a de ses droits, de par le bonheur, la raison, le calme et l'énergie que la jouissance de la liberté procure à l'homme. Les monarchies, de par le tems, de par les habitudes, de par la sainteté des générations passées. L'usurpation ne peut s'établir que par la suprématie individuelle de l'usurpateur.

Or il y a des époques, dans l'histoire de l'espèce humaine, où la suprématie, nécessaire pour que l'usurpation soit possible, ne sauroit exister. Tel fut le période qui s'écoula en Grèce, depuis l'expulsion des Pisistratides jusqu'au règne de Philippe de Macédoine. Tels furent aussi les cinq premiers siècles de Rome, depuis la chute des Tarquins, jusqu'aux guerres civiles.

En Grèce, des individus se distinguent, s'élévent, dirigent le peuple; leur empire est celui du talent, empire brillant, mais passager, qu'on leur dispute, et qu'on leur enléve. Périclès voit plus d'une fois sa domination prête à lui échapper, et ne doit qu'à la contagion qui le frappe de mourir au sein du pouvoir. Miltiade, Aristide, Thémistocle, Alcibiade, saisissent la puissance et la reperdent, presque sans secousses.

A Rome, l'absence de toute suprématie individuelle se fait encore bien plus remarquer. Pendant cinq siècles, on ne peut sortir de la foule immense des grands hommes de la république, le nom d'un seul, qui l'ait gouvernée d'une manière durable.

A d'autres époques, au contraire, il semble que le gouvernement des peuples appartienne au premier individu qui se présente. Dix ambitieux, pleins de talens et d'audace, avoient en vain tenté d'asservir la république romaine. Il avoit fallu vingt ans de dangers, de travaux et de triomphes à César pour arriver aux marches du trône, et il étoit mort assassiné, avant d'y monter. Claude se cache derrière une tapisserie: des soldats l'y découvrent: il est Empereur: il règne quatorze ans.

Cette différence ne tient pas uniquement à la lassitude qui s'empare des hommes, après des agitations prolongées: elle tient aussi à la marche de la civilisation.

Lorsque l'espèce humaine est encore dans un profond dégré d'ignorance et d'abaissement, presque totalement dépourvue de facultés morales, et presqu'aussi dénuée de connoissances, et par conséquent de moyens physiques, les nations suivent, comme des troupeaux, non seulement celui qu'une qualité brillante distingue, mais celui qu'un hazard quelconque jette en avant de la foule. A mesure que les lumiéres font des progrès, la raison révoque en doute la légitimité du hazard, et la réflexion qui compare aperçoit entre les individus une égalité opposée à toute suprématie exclusive.

C'est ce qui fesoit dire à Aristote qu'il n'y avoit guéres de son tems de véritable Royauté

Le mérite, continuoit-il, trouve aujourdhui des pairs, et nul n'a de vertus si supérieures au reste des hommes, qu'il puisse reclamer pour lui seul la prérogative de commander *). Ce passage est d'autant plus remarquable, que le Philosophe de Stagyre l'écrivoit sous Alexandre.

Il fallut peut-être moins de peine et de génie à Cyrus, pour asservir les Perses barbares, qu'au plus petit tyran d'Italie, dans le seizième siècle, pour conserver le pouvoir qu'il usurpoit. Les conseils mêmes de Machiavel prouvent la difficulté croissante.

Ce n'est pas précisément l'étendue, mais l'égale répartition des lumières qui met obstacle à la suprématie des individus: et ceci ne contredit en rien ce que nous avons affirmé précédemment, que chaque siècle attendoit un homme qui lui servit de représentant. Ce n'est pas dire que chaque siècle le trouve. Plus la civilisation est avancée, plus elle est difficile à représenter.

La situation de la France et de l'Europe, il y a vingt ans, se rapprochoit, sous ce rapport,

---

*) Aristot. Polit. V. 10.

de celle de la Grèce et de Rome, aux époques indiquées. Il existoit une telle multitude d'hommes également éclairés, que nul individu ne pouvoit tirer de sa supériorité personnelle le droit exclusif de gouverner. Aussi nul, durant les dix premières années de nos troubles, n'a pu se marquer une place à part.

Malheureusement, à chaque époque pareille, un danger menace l'espèce humaine. Comme, lorsqu'on verse des flots d'une liqueur froide dans une liqueur bouillante, la chaleur de celle-ci se trouve affaiblie, de même, lorsqu'une nation civilisée est envahie par des barbares, ou qu'une masse ignorante pénètre dans son sein et s'empare de ses destinées, sa marche est arrêtée, et elle fait des pas rétrogrades.

Pour la Grèce, l'introduction de l'influence Macédonienne, pour Rome, l'aggrégation successive des peuples conquis, enfin, pour tout l'empire Romain, l'irruption des hordes du Nord, furent des événemens de ce genre. La suprématie des individus, et parconséquent l'usurpation redevinrent possibles. Ce furent presque toujours des légions barbares qui créérent des Empereurs.

En France, les troubles de la révolution ayant introduit dans le gouvernement une classe sans lumières, et découragé la classe éclairée, cette nouvelle irruption de barbares a produit le même effet, mais dans un dégré bien moins durable, parce que la disproportion étoit moins sensible. L'homme qui a voulu usurper parmi nous, a été forcé de quitter pour un tems les routes civilisées. Il est remonté vers des nations plus ignorantes, comme vers un autre siècle. C'est là qu'il a jeté les fondemens de sa prééminence. Ne pouvant faire arriver au sein de l'Europe l'ignorance et la barbarie, il a conduit des Européens en Afrique, pour voir s'il réussiroit à les façonner à la barbarie et à l'ignorance: et ensuite, pour maintenir son autorité, il a travaillé à faire reculer l'Europe.

Les peuples se sacrifioient jadis pour les individus, et s'en fesoient gloire: de nos jours les individus sont forcés à feindre qu'ils n'agissent que pour l'avantage et le bien des peuples. On les entend quelquefois essayer de parler d'eux mêmes, des devoirs du monde envers leurs personnes, et ressusciter un style tombé en désuétude depuis Cambyse et Xerxes. Mais nul ne leur répond dans ce sens, et désavoués qu'ils sont, par le silence de leurs flatteurs mêmes, ils se replient, malgré qu'ils en ayent, sur une hypocrisie, qui est un hommage à l'égalité.

Si l'on pouvoit parcourir attentivement les rangs obscurs d'un peuple soumis en apparence à l'usurpateur qui l'opprime, on le verroit, comme par un instinct confus, fixer les yeux d'avance sur l'instant ou cet usurpateur tombera. Son enthousiasme contient un mélange bizarre et d'analyse et de moquerie. Il semble, peu confiant en sa conviction propre, travailler à la fois à s'étourdir par ses acclamations, et à se dédommager par ses railleries, et pressentir lui même l'instant ou le prestige sera passé.

Voulez-vous voir à quel point les faits démontrent la double impossibilité des conquêtes et de l'usurpation à l'époque actuelle? Réfléchissez aux événemens qui se sont accumulés sous nos yeux durant les six mois qui viennent de s'ecouler. La conquête avoit établi l'usurpation, dans une grande partie de l'Europe; et cette usurpation sanctionnée, reconnue pour légitime, par ceux mêmes qui avoient interêt à ne jamais la reconnôitre, avoit revêtu toutes les formes pour se consolider. Elle avoit tantôt menacé, tantôt flatté les peuples. Elle étoit parvenue à rassembler des forces immenses pour inspirer la crainte, des sophismes pour éblouïr les esprits, des traités pour rassurer les consciences: elle avoit gagné quelques années, qui commençoient à voiler son origine. Les gouvernemens, soit républicains, soit monarchiques, qu'elle avoit détruits, étoient sans espoir apparent, sans ressources visibles. Ils survivoient néanmoins dans le coeur des peuples. Vingt batailles perdues n'avoient pu les en déraciner. Une seule bataille a été gagnée, et l'usurpation s'est vue de toutes parts mise en fuite, et dans plusieurs des pays où elle dominoit sans opposition, le voyageur auroit peine aujourdhui à en découvrir la trace.

Chapitre V.

Réponse à une objection qui pourrait se tirer de l'exemple de Guillaume III.

L'exemple de Guillaume III. semble au premier coup d'oeuil une objection très forte contre toutes les assertions que l'on vient de lire. Guillaume III. ne doit-il pas être considéré comme ayant usurpé sur les Stuarts le trône d'Angleterre? Son règne a néanmoins été glorieux et tranquille, et c'est de ce règne que datent la prospérité et la liberté anglaises. N'est-ce point une preuve que l'usurpation n'est pas toujours impossible dans les tems modernes, et que ses effets ne sont pas toujours funestes?

Mais le nom d'usurpateur ne convient nullement à Guillaume III. Il fut appelé par une nation, qui vouloit jouir d'une liberté paisible, à l'exercice d'une autorité dont il avoit fait ailleurs l'apprentissage, et déjà revêtu de la puissance, dans un autre pays, il ne parvint point à la couronne, par les moyens habituels de l'usurpation, la ruse ou la violence.

Pour mieux sentir ce que sa position avoit de particulier et d'avantageux, comparez le avec Cromwell. Celui-ci étoit vraiment un usurpateur. Il n'avoit pas pour soutien, pour auréole l'éclat d'un rang déjà glorieusement occupé. Aussi, malgré sa supériorité personnelle, il ne put obtenir que des succès disputés et éphémères. Son règne eut tous les caractères de l'usurpation: il en eut la courte durée, et la mort vint très à propos le préserver d'une chute prochaine et inévitable.

L'intervention de Guillaume III. dans la révolution de 1688, loin d'être une usurpation, préserva probablement l'Angleterre du joug d'un nouvel usurpateur, et la délivra en même tems d'une dynastie contre laquelle trop d'interêts nationaux s'étoient prononcés.

Lorsque d'orageuses circonstances interrompent la transmission régulière du pouvoir, et que cette interruption dure assez longtems, pour que tous les intérêts se détachent de l'autorité dépossédée, il ne s'agit pas d'examiner si la prolongation de cette autorité eut été un bien, il est certain que son rétablissement seroit un mal.

Un peuple, dans cette situation, est exposé à diverses chances, dont deux sont bonnes et deux sont mauvaises.

Ou le pouvoir retourne aux mains qui l'avoient perdu, ce qui occasionne une réaction violente, des vengeances, des bouleversemens: et la contrerévolution qui s'opère n'est qu'une nouvelle révolution. C'est ce qui étoit arrivé en Angleterre sous les deux fils de Charles I., et les injustices qui remplirent ces deux règnes, sont une leçon mémorable dont il est à désirer que les nations profitent.

Ou quelque individu sans mission légitime saisit le pouvoir et tous les malheurs de l'usurpation pésent sur ce peuple. C'est ce qui arriva dans la même Angleterre, sous Cromwell, et ce qui se renouvelle de nos jours, d'une manière plus terrible encore, en France.

Ou la nation parvient à se donner une organisation républicaine, assez sage pour assurer son repos, ainsi que sa liberté. Qu'on ne dise pas que ceci est impossible, puisque les Suisses, les Hollandois et les Américains y ont réussi.

Ou enfin, cette nation appelle au trône un homme déjà éminent ailleurs, et qui reçoit le sceptre avec des restrictions convenables. C'est ce que firent les Anglois en 1688. C'est ce que les Suédois ont fait de nos jours. Les uns et les autres s'en sont bien trouvés. C'est que dans ce cas, le dépositaire de l'autorité a un autre intérêt que celui d'aggrandir et d'accroître sa puissance. Il a l'interêt de faire triomphes les principes qui servent de garantie à cette puissance, et ces principes sont ceux de la liberté.

Une révolution de ce genre n'a rien de commun avec l'usurpation. Le Prince élu librement par la nation, est fort à la fois de sa dignité ancienne et de son titre nouveau. Il plait à l'imagination par les souvenirs qui la captivent, et satisfait la raison par le suffrage national dont il s'appuye. Il n'est point réduit à n'employer que des instrumens d'une création récente. Il dispose avec confiance de toutes les forces de la nation, parce qu'il ne la dépouille d'aucune partie de son héritage politique.

Les institutions antérieures ne lui sont point opposées: il se les associe, et elles concourent à le soutenir.

Ajoutons, que les Anglois eurent le bonheur de trouver dans Guillaume III. précisement ce dont un peuple a besoin, dans une circonstance pareille, un homme non seulement familiarisé avec le pouvoir, mais accoutumé à la liberté, le premier magistrat d'une république : son caractère s'étoit muri au sein des tempêtes : et l'expérience l'avoit instruit à ne pas s'effrayer de l'agitation inséparable d'une constitution libre.

Considéré sous ce point de vue, l'exemple de Guillaume III., loin de m'être contraire, m'est, je le pense, plutôt favorable. Son avénement, n'étant point une usurpation, ne prouve point que l'usurpation soit aujourdhui possible. Le bonheur et la liberté dont l'Angleterre a joui sous son regne n'impliquent nullement que l'usurpation puisse jamais être bienfesante. Enfin la durée et la tranquillité de ce règne ne démontrent rien en faveur de la durée et de la tranquillité de l'usurpation.

Chapitre VI.

L'usurpation ne peut-elle se maintenir par la force ?

Mais l'usurpation ne sauroit-elle se perpétuer par la force ? N'a-t-elle pas à son service, comme tout gouvernement, des géoliers, des chaines et des soldats ? Que faut-il de plus pour garantir sa durée ?

Ce raisonnement, depuis que l'usurpation assise sur un trône, tient de l'or d'une main, et une hache de l'autre, a été reproduit sons des formes merveilleusement variées. L'expérience elle même semble déposer en sa faveur. J'ose pourtant révoquer cette expérience en doute.

Ces soldats, ces géoliers et ces chaines, qui sont des moyens extrêmes, dans les gouvernemens réguliers, doivent être les ressources habituelles de l'usurpation, vu les obstacles qu'elle rencontre de toutes parts. Le despotisme dont ces gouvernemens ne font sentir à leurs sujets la pratique que par intervalles, et dans les tems de crise, est, pour l'usurpation, un état constant et une pratique journalière.

Or la théorie du despotisme se laisse défendre spéculativement par des écrivains, ou des orateurs, parceque la parole prête à toutes les erreurs sa docile assistance : mais la pratique prolongée du despotisme est impossible aujourdhui. Le despotisme est un troisième anachronisme, comme la conquête et l'usurpation.

Cette assertion surprendra peut-être un assez grand nombre de lecteurs. Je lui donnerai en conséquence quelques développemens. Je dirai d'abord pourquoi l'on a pu croire que notre génération étoit disposée à se résigner au despotisme. Je montrerai que c'est parce qu'on lui a offert avec ignorance, obstination, et rudesse, des formes de liberté dont elle n'étoit plus susceptible, et qu'ensuite, sous le nom de liberté, on lui a présenté une tyrannie plus effroyable qu'aucune de celles dont l'histoire nous a transmis la mémoire. Il n'est pas étounant que cette génération ait conçu de la liberté une terreur aveugle, qui l'a précipitée dans la plus abjecte servitude.

Heureusement le despotisme, et grâces lui en soient rendues, a fait de son mieux pour nous guérir de cette honteuse erreur. Il a prouvé que, sous ses couleurs véritables, sans déguisemens et sans palliatifs, il causoit autant de maux, pour le moins, que ce qu'on avoit si absurdément désigné comme liberté. Le moment est donc arrivé, où quelques idées raisonnables, sur cette matière peuvent trouver accès.

Chapitre VII.

De l'espèce de liberté qu'on a présentée aux hommes à la fin du siècle dernier.

La liberté, qu'on a présentée aux hommes à la fin du siècle dernier, étoit empruntée des républiques anciennes. Or plusieurs des circonstances que nous avons exposées, dans la première partie de cet ouvrage, comme étant la cause de la disposition belliqueuse des anciens, concouroient aussi à les rendre capables d'un genre de liberté dont nous ne sommes plus susceptibles.

Cette liberté se composoit plutôt de la participation active au pouvoir collectif, que de la jouissance paisible de l'indépendance individuelle: et même, pour assurer cette participation, il étoit nécessaire que les citoyens sacrifiâssent en grande partie cette jouissance. Mais ce sacrifice est absurde à demander, impossible à obtenir, à l'époque à laquelle les peuples sont arrivés.

Dans les républiques de l'antiquité, la petitesse du territoire fesoit que chaque citoyen avoit politiquement une grande importance personnelle. L'exercice des droits de cité constituoit l'occupation, et pour ainsi dire, l'amusement de tous. Le peuple entier concouroit à la confection des loix, prononçoit les jugemens, décidoit de la guerre et de la paix. La part que l'individu prenoit à la souveraineté nationale, n'étoit point, comme à présent, une supposition abstraite : la volonté de chacun avoit une influence réelle. L'exercice de cette volonté étoit un plaisir vif et répété. Il en résultoit, que les anciens étoient disposés, pour la conservation de leur importance politique, et de leur part dans l'administration de l'état, à renoncer à leur indépendance privée.

Ce renoncement étoit nécessaire. Car pour faire jouir un peuple de la plus grande étendue de droits politiques, c'est à dire, pour que chaque citoyen âit sa part de la souveraineté, il faut des institutions qui maintiennent l'égalité, qui empêchent l'accroissement des fortunes, proscrivent les distinctions, s'opposent à l'influence des richesses, des talens, des vertus mêmes *). Or toutes ces institutions limitent la liberté et compromettent la sureté individuelle.

Aussi, ce que nous nommons liberté civile étoit presqu'inconnu chez la plupart des peuples anciens **). Toutes les républiques Grecques, si nous en exceptons Athènes ***), soumettoient les

---

*) Delà l'ostracisme, le pétalisme, les loix agraires, la censure etc. etc.

**) V. la preuve plus développée dans les mémoires sur l'instruction publique de Condorcet, et dans l'histoire des républiques italiennes de Simonde Sismondi. IV. 370. je cite avec plaisir ce dernier ouvrage, production d'un caractère aussi noble que le talent de l'auteur est distingué.

***) Il est assez singulier que ce soit précisement Athènes que nos modernes réformateurs ont évité de prendre pour modèle. C'est qu'Athènes nous ressembloit trop. Ils vouloient plus de différences pour avoir plus de mérite. Le lecteur curieux de se convaincre du caractère tout à fait moderne des Athéniens peut consulter surtout Xénophon et Isocrate.

individus à une juridiction sociale presqu'illimitée. Le même assujettissement individuel caractérisoit les beaux siècles de Rome. Le citoyen s'étoit constitué en quelque sorte l'esclave de la nation dont il fesoit partie. Il s'abandonnoit en entier aux décisions du souverain, du législateur. Il lui reconnoissoit le droit de surveiller toutes ses actions, et de contraindre sa volonté. Mais c'est qu'il étoit lui même à son tour ce législateur et ce souverain. Il sentoit avec orgueil tout ce que valait son suffrage, dans une nation assez peu nombreuse, pour que chaque citoyen fut une puissance: et cette conscience de sa propre valeur étoit pour lui un ample dédommagement.

Il en est tout autrement dans les états modernes. Leur étendue, beaucoup plus vaste que celle des anciennes républiques, fait que la masse de leurs habitans, quelque forme de gouvernement qu'ils adoptent, n'ont point de part active à ce gouvernement. Ils ne sont appelés tout au plus à l'exercice de la souveraineté que par la représentation, c'est à dire, d'une manière fictive.

L'avantage que procuroit au peuple la liberté, comme les anciens la concevoient, c'étoit d'être, de fait, au nombre des gouvernans, avantage réel, plaisir à la fois flatteur et solide. L'avantage que procure au peuple la liberté chez les modernes, c'est d'être représenté et de concourir à cette représentation par son choix. C'est un avantage, sans doute, puisque c'est une garantie; mais le plaisir immédiat est moins vif: il ne se compose d'aucune des jouissances du pouvoir. C'est un plaisir de réflexion: celui des anciens étoit un plaisir d'action. Il est clair que le premier est moins attrayant. On ne sauroit exiger des hommes autant de sacrifices pour l'obtenir et le conserver.

En même tems, ces sacrifices seroient beaucoup plus pénibles. Les progrès de la civilisation, la tendance commerciale de l'époque, la communication des peuples entr'eux, ont multiplié et varié à l'infini les moyens de bonheur particulier. Les hommes n'ont besoin, pour être heureux, que d'être laissés dans une indépendance parfaite, sur tout ce qui a rapport à leurs occupations, à leurs entreprises, à leur sphère d'activité, à leurs fantaisies.

Les anciens trouvoient plus de jouissances dans leur existence publique; et ils en trouvoient moins dans leur existence privée. En conséquence, lorsqu'ils sacrifioient la liberté individuelle à la liberté politique, ils sacrifioient moins pour obtenir plus. Presque toutes les jouissances des modernes sont dans leur existence privée. L'immense majorité, toujours exclue du pouvoir, n'attache nécessairement qu'un interêt très passager à son existence publique. En imitant les anciens, les modernes sacrifieroient donc plus, pour obtenir moins.

Les ramifications sociales sont plus compliquées, plus étendues qu'autrefois. Les classes mêmes, qui paroissent ennemies, sont liées entr'elles, par des liens imperceptibles, mais indissolubles. La propriété s'est identifiée plus intimement à l'existence de l'homme. Toutes les secousses qu'on lui fait éprouver sont plus douloureuses.

Nous avons perdu en imagination ce que nous avons gagné en connoissances. Nous sommes par-là même incapables d'une exaltation durable. Les anciens étoient dans toute la jeunesse de la vie morale. Nous sommes dans la maturité, peut-être dans la vieillesse. Nous trâinons toujours après nous je ne sai quelle arrière pensée qui nâit de l'expérience et qui défait l'enthousiasme. La première condition pour l'enthousiasme, c'est de ne pas s'observer soi même avec finesse. Or nous craignons tellement d'être dupes et surtout de le parôitre, que nous nous observons sans cesse, dans nos impressions les plus violentes. Les anciens avoient sur toutes choses une conviction entière: nous n'avons presque sur rien qu'une conviction molle et flottante, sur l'incomplet de laquelle nous cherchons en vain à nous étourdir.

Le mot illusion ne se trouve dans aucune langue ancienne, parce que le mot ne se crée que lorsque la chose n'existe plus.

Les législateurs doivent renoncer à tout bouleversement d'habitudes, à toute tentative*) pour agir fortement sur l'opinion. Plus de Lycurgues, plus de Numas.

---

*) „Les politiques grecs, qui vivoient sous le gou„vernement populaire, ne reconnoissoient, dit „Montesquieu, d'autre force que celle de la ver„tu. Ceux d'aujourdhui ne nous parlent que de „manufactures, de commerce, de finances, de „richesses, et de luxe même." Espr. des loix III. 3. Il attribue cette différence à la république et à la monarchie. Il faut l'attribuer à l'es-

Il seroit plus possible aujourdhui de faire d'un peuple d'esclaves un peuple de Spartiates que de former des Spartiates par la liberté. Autrefois, là où il y avoit liberté, on pouvoit supporter les privations. Maintenant, partout où il y a privation, il faut l'esclavage pour qu'on s'y résigne.

Le peuple le plus attaché à sa liberté, dans les tems modernes, est aussi le peuple le plus attaché à ses jouissances : et il tient à sa liberté, surtout, parce qu'il est assez éclairé, pour y apercevoir la garantie de ses jouissances.

Chapitre VIII.
Des imitateurs modernes des Républiques de l'antiquité.

Ces vérités furent complettement méconnues par les hommes, qui, vers la fin du dernier siècle, se crurent chargés de régénérer l'espèce

---

prit opposé des tems anciens et des tems modernes. Citoyens des républiques, sujets des monarchies, tous veulent des jouissances, et nul ne peut, dans l'état actuel des sociétés, ne pas en vouloir.

humaine. Je ne veux point inculper leurs intentions. Leur mouvement fut noble, leur but généreux: qui de nous n'a pas senti son coeur battre d'espérance, à l'entrée de la carrière qu'ils sembloient ouvrir? et malheur encore à présent à qui n'éprouve pas le besoin de déclarer que reconnoître des erreurs, ce n'est pas abandonner les principes que les amis de l'humanité ont professés d'âge en âge. Mais ces hommes avoient pris pour guides des écrivains, qui ne s'étoient pas doutés eux mêmes, que deux mille ans pouvoient avoir apporté quelque altération aux dispositions et aux besoins des peuples.

J'examinerai peut-être une fois la théorie du plus illustre de ces écrivains, et je reléverai ce qu'elle a de faux et d'inapplicable. On verra, je le pense, que la métaphysique subtile du contrat social n'est propre de nos jours qu'à fournir des armes et des prétextes à tous les genres de tyrannie, à celle d'un seul, à celle de plusieurs, à celle de tous, à l'oppression constituée sous des formes légales, ou exercée par des fureurs populaires *).

---

*) Je suis loin de me joindre aux détracteurs de Rousseau. Ils sont nombreux dans le moment

Un autre philosophe, moins éloquent, mais non moins austère que Rousseau dans ses principes, et plus exagéré encore dans leur application, eut une influence presqu'égale sur les réformateurs de la France. C'est l'abbé de Mably : on

---

actuel. Une tourbe d'esprits subalternes, qui placent leurs succés d'un jour à révoquer en doute toutes les vérités courageuses, s'agite pour flétrir sa gloire, raison de plus pour être circonspect à le blamer. Il a le premier rendu populaire le sentiment de nos droits. A sa voix se sont réveillés les coeurs généreux, les ames indépendantes. Mais ce qu'il sentoit avec force, il n'a pas su le définir avec précision. Plusieurs chapitres du contrat social sont dignes des écrivains scholastiques du 15e siècle. Que signifient des droits, dont on jouït d'autant plus qu'on les aliène plus complétement? Qu'est ce qu'une liberté, en vertu de laquelle on est d'autant plus libre que chacun fait plus complétement ce qui contrarie sa volonté propre? Voulez-vous juger du parti que les fauteurs du despotisme peuvent tirer des principes de Rousseau? Lisez un ouvrage que j'ai déjà cité plus

peut le regarder comme le représentant de cette classe nombreuses de démagogues bien ou mal intentionés qui, du haut de la Tribune, dans les clubs et dans les pamphlets, parloient de la nation souveraine, pour que les citoyens fussent

haut. (Essais de morale et de politique.) De même que Rousseau avoit supposé que l'autorité illimitée réside dans la société entière, l'auteur de ces essais la suppose transportée au représentant de cette société, à un homme qu'il définit l'espèce personifiée, la réunion individualisée. De même que Rousseau avoit dit que le corps social ne pouvoit nuire ni à l'ensemble de ses membres ni à chacun d'eux en particulier, celui-ci dit que le dépositaire du pouvoir, l'homme constitué société, ne peut faire de mal à la société, parceque tout le tort qu'il lui auroit fait, il l'auroit éprouvé fidélement, tant il étoit la société elle même. De même que Rousseau dit que l'individu ne peut résister à la société, parce qu'il lui a aliéné tous ses droits sans réserve, l'autre prétend que l'autorité du dépositaire du pouvoir est absolue, parce qu' aucun membre de la société ne peut lutter contre la réunion

plus complétement assujettis et du peuple libre, pour que chaque individu fut plus complétement esclave.

L'abbé de Mably*), comme Rousseau, et comme tant d'autres, avoit pris l'autorité pour la li-

---

*) L'ouvrage de Mably, sur la législation ou principes des loix, est le code de despotisme le plus
entière, qu'il ne peut exister de responsabilité pour le dépositaire du pouvoir, parce qu'aucun individu ne peut entrer en compte avec l'être dont il fait partie, et que celui-ci ne peut lui répondre qu'en le fesant rentrer dans l'ordre dont il n'auroit pas du sortir: et pour que nous ne craignions rien de la tyrannie, il ajoute: or voici pourquoi son autorité (celle du dépositaire du pouvoir) ne fut pas arbitraire: ce n'étoit plus un homme, c'étoit un peuple. Merveilleuse garantie que ce changement de mot! N'est-il pas bizarre que tous les écrivains de cette classe reprochent à Rousseau de se perdre dans les abstractions? Quand ils nous parlent de la société individualisée, et du Souverain n'étant plus un homme, mais un peuple, sont-ce les abstractions qu'ils évitent?

berté, et tous les moyens lui paroissoient bons, pour étendre l'action de l'autorité sur cette partie récalcitrante de l'existence humaine dont il déploroit l'indépendance. Le regret qu'il exprime partout dans ses ouvrages, c'est que la loi ne puisse atteindre que les actions : il auroit voulu qu'elle atteignit les pensées, les impressions les plus passagères, qu'elle poursuivit l'homme sans relâche, et sans lui laisser un azyle où il put échapper à son pouvoir. A peine apercevoit-il, n'importe chez quel peuple, une mesure vexatoire, qu'il pensoit avoir fait une découverte, et qu'il la proposoit pour modèle. Il détestoit la liberté individuelle en ennemi personel, et dès

---

complet que l'on puisse imaginer. Combinez ses trois principes, 1. l'autorité législative est illimitée, il faut l'étendre à tout, et tout courber devant elle. 2. La liberté individuelle est un fléau, si vous ne pouvez l'anéantir, restreignez la du moins, autant qu'il est possible. 3. La propriété est un mal : si vous ne pouvez la détruire, affoiblissez son influence de toute manière : vous aurez par cette combinaison la constitution réunie de Constantinople et de Robespierre.

qu'il rencontroit une nation qui en étoit privée, n'eut-elle point de liberté politique, il ne pouvoit s'empêcher de l'admirer. Il s'extasioit sur les Egyptiens, parce que, disoit-il, tout chez eux étoit prescrit par la loi. Jusqu'aux délassemens, jusqu'aux besoins, tout plioit sous l'empire du législateur. Tous les momens de la journée étoient remplis par quelque devoir. L'amour même étoit soumis à cette intervention respectée, et c'étoit la loi qui, tour à tour, ouvroit et fermoit la couche nuptiale *).

---

*) Depuis quelque tems on nous a répété en France les mêmes absurdités sur les Egyptiens. L'on nous a recommandé l'imitation d'un peuple, victime d'une double servitude, repoussé par ses prêtres du sanctuaire de toutes les connoissances, divisé en castes, dont la dernière étoit privée de tous les droits de l'état social, retenu dans une éternelle enfance, masse immobile, incapable égalemnnt et de s'éclairer et de se défendre, et constamment la proye du premier conquérant qui venoit envahir son territoire. Mais il faut reconnoître que ces nouveaux apologistes de l'Egypte sont plus consé-

Sparte qui réunissoit des formes républicaines au même asservissement des individus, excita dans l'esprit de ce philosophe un enthousiasme plus vif encore. Ce couvent guernir lui sembloit l'idéal d'une république libre. Il avoit pour Athènes un profond mépris, et il auroit dit volontiers de cette première nation de la Grèce, ce qu'un académicien grand Seigneur disoit de l'académie: *quel épouvantable despotisme! tout le monde y fait ce qu'il veut.*

Lorsque le flot des événemens eut porté, à la tête de l'état, durant la révolution françoise, des hommes qui avoient adopté la philosophie comme un préjugé, et la démocratie comme un un fanatisme, ces hommes furent saisis pour Rousseau, pour Mably, et pour tous les écrivains de la même école d'une admiration sans bornes.

---

quens que les philosophes qui lui ont prodigué les mêmes éloges. Ils ne mettent aucun prix à la liberté, à la dignité de notre nature, à l'activité de l'esprit, au développement des facultés intellectuelles. Ils se font les panégyristes du despotisme, pour en devenir les instrumens.

Les subtilités du premier, l'austérité du second, son intolérance, sa haine contre toutes les passions humaines, son avidité de les asservir toutes, ses principes exagérés sur la compétence de la loi, la différence de ce qu'il recommandoit à ce qui avoit existé, ses déclamations contre les richesses et même contre la propriété, toutes ces choses devoient charmer des hommes échauffés par une victoire récente, et qui, conquérans d'une puissance qu'on appeloit loi, étoient bien aises d'étendre cette puissance sur tous les objets. C'étoit pour eux une autorité précieuse que des écrivains, qui, désintéressés dans la question, et prononçant anathême contre la royauté, avoient, longtems avant le renversement du trône, rédigé en axiômes toutes les maximes nécessaires pour organiser sous le nom de république le despotisme le plus absolu.

Nos réformateurs voulurent donc exercer la force publique, comme ils avoient appris de leurs guides, qu'elle avoit été jadis exercée dans les états libres de l'antiquité. Ils crurent que tout devoit encore céder devant l'autorité collective, et que toutes les restrictions aux droits individuels seroient réparées par la participation au pouvoir social. Ils essayérent de soumettre les françois à une multitude de loix despotiques qui les froissoient douloureusement dans ce qu'ils avoient de plus cher. Ils proposérent à un peuple vieilli dans les jouïssances le sacrifice de toutes ces jouïssances. Ils firent un devoir de ce qui devoit être volontaire; ils entourérent de contrainte jusqu'aux célébrations de la liberté. Ils s'étonnoient que le souvenir de plusieurs siècles ne disparut pas aussitôt devant les décrets d'un jour. La loi étant l'expression de la volonté générale, devoit à leurs yeux l'emporter sur toute autre puissance, même sur celle de la mémoire et du tems. L'effet lent et graduel des impressions de l'enfance, la direction que l'imagination avoit reçue par une longue suite d'années leur paroissoient des actes de révolte. Ils donnoient aux habitudes le nom de malveillance. On eut dit, que la malveillance étoit une puissance magique, qui, par je ne sai quel miracle, forçoit constamment le peuple à faire le contraire de sa propre volonté. Ils attribuoient à l'opposition les malheurs de la lutte, comme s'il étoit jamais permis à l'autorité de faire des changemens qui provoquent une telle opposition, comme si les difficultés que ces changemens rencontrent n'étoient pas à elles seules la sentence de leurs auteurs.

Cependant tous ces efforts plioient sans cesse sous le poids de leur propre extravagance. Le plus petit saint, dans le plus obscur hameau, résistoit avec avantage à toute l'autorité nationale, rangée en bataille contre lui. Le pouvoir social blessoit en tout sens l'indépendance individuelle, sans en détruire le besoin. La nation ne trouvoit point qu'une part idéale à une souveraineté abstraite valut ce qu'elle souffrait. On lui répétoit vainement avec Rousseau: les loix de la liberté sont mille fois plus austéres que n'est dur le joug des tyrans. Il en résultoit qu'elle ne vouloit pas de ces loix austères, et comme elle ne connoissoit alors le joug des tyrans que par oui dire, elle croyoit préférer le joug des tyrans *).

---

*) La disproportion de toutes ces mesures et de la disposition de la France, fut sentie dès l'origine, et avant même qu'elle fut parvenue au comble, par tous les hommes éclairés. Mais par une singulière méprise, ces hommes concluoient que c'étoit la nation, et non pas les loix qu'on lui imposoit, qu'il falloit changer. „L'assemblée nationale, disoit Chamfort en 1789, „a donné au peuple une constitution plus forte „que lui. Il faut qu'elle se hâte d'élever la

Chapitre IX.

Des moyens employés pour donner aux modernes la liberté des anciens.

Les erreurs des hommes, qui exercent l'autorité, n'importe à quel titre, ne sauroient être innocentes, comme celles des individus. La force est toujours derrière ces erreurs, prête à leur consacrer ses moyens terribles.

Les partisans de la liberté antique devinrent furieux de ce que les modernes ne vouloient pas être libres, suivant leur méthode. Ils redoublè-

---

„nation à cette hauteur. Les législateurs doi„vent faire comme ces médecins habiles, qui, „traitant un malade épuisé, sont passer les res„taurans à l'aide des stomachiques." Il y a ce malheur dans cette comparaison, que nos législateurs étoient eux mêmes des malades, qui se disoient des médecins. On ne soutient point une nation à la hauteur à laquelle sa propre disposition ne l'élève pas. Pour la soutenir à ce point, il faut lui faire violence, et par cela même qu'on lui fait violence, elle s'affaisse et tombe à la fin plus bas qu'auparavant.

rent de vexations, le peuple redoubla de résistance : et les crimes succedérent aux erreurs.

Pour la tyrannie, dit Machiavel, il faut tout changer : on peut dire aussi, que, pour tout changer, il faut la tyrannie. Nos législateurs le sentirent, et ils proclamérent que le despotisme étoit indispensable pour fonder la liberté.

Il y a des axiômes qui paroissent clairs, parce qu'ils sont courts. Les hommes rusés les jettent, comme pâture, à la foule. Les sots s'en emparent, parce qu'ils leur épargnent la peine de réfléchir, et ils les répétent, pour se donner l'air de les comprendre. Des propositions, dont l'absurdité nous étonne, quand elles sont analysées, se glissent ainsi dans mille têtes, sont redites par mille bouches, et l'on est réduit sans cesse à démontrer l'évidence.

De ce nombre est l'axiôme que nous venons de citer. Il a fait retentir dix ans toutes les Tribunes françoises. Que signifie-t-il néanmoins ? La liberté n'est d'un prix inestimable que parce qu'elle donne à notre esprit de la justesse, à notre caractère de la force, à notre âme de l'élévation. Mais ces bienfaits ne tiennent-ils pas à ce que la liberté existe ? Si pour l'introduire, vous avez recours au despotisme, qu'établissez vous ? de vaines formes. Le fonds vous échappera toujours.

Que faut-il dire à une nation, pour qu'elle se pénétre des avantages de la liberté? Vous étiez opprimés par une minorité privilégiée : le grand nombre étoit immolé à l'ambition de quelques uns : des loix inégales appuyoient le fort contre le foible. Vous n'aviez que des jouissances précaires, qu'à chaque instant l'arbitraire menacoit de vous enlever. Vous ne contribuiez ni à la confection de vos loix, ni à l'élection de vos magistrats. Tous ces abus vont disparoitre, tous vos droits vous seront rendus.

Mais ceux qui prétendent fonder la liberté par le despotisme, que peuvent-ils dire? Aucun privilége ne pésera sur les citoyens: mais tous les jours les hommes suspects seront frappés sans être entendus. La vertu sera la première ou la seule distinction: mais les plus persécuteurs et les plus violens se créeront un patriciat de tyrannie, maintenu par la terreur. Les loix protégeront les propriétés. Mais l'expropriation sera le partage des individus ou des classes soupçonnées. Le peuple élira ses magistrats: mais s'il ne les élit dans le sens prescrit d'avance, ses choix seront déclarés nuls. Les opinions seront libres: mais toute opinion contraire, non seulement au système général, mais aux moindres mesures de circonstance, sera punie comme un attentat.

Tel fut le langage, telle fut la pratique des réformateurs de la France, durant de longues années.

Ils remportèrent des victoires apparentes; mais ces victoires étoient contraires à l'esprit de l'institution qu'ils vouloient établir: et comme elles ne persuadoient point les vaincus, elles ne rassuroient point les vainqueurs. Pour former les hommes à la liberté, on les entouroit de l'effroi des supplices. On rappeloit avec exagération les tentatives qu'une autorité détruite s'étoit permises contre la pensée, et l'asservissement de la pensée étoit le caractère distinctif de la nouvelle autorité. On déclamoit contre les gouvernemens tyranniques, et l'on organisoit le plus tyrannique des gouvernemens.

On ajournoit la liberté, disoit-on, jusqu'à ce que les factions se fussent calmées: mais les factions ne se calment que lorsque la liberté n'est plus ajournée. Les mesures violentes, adoptées comme dictature, en attendant l'esprit public, l'empêchent de naître. On s'agite dans un cercle vicieux. On marque une époque qu'on est certain de ne pas atteindre, car les moyens choisis pour l'atteindre ne lui permettent pas d'arriver. La force rend de plus en plus la force nécessaire. La colère s'accroit par la colère. Les loix se forgent comme des armes: les codes deviennent des déclarations de guerre, et les amis aveugles de la liberté, qui ont cru l'imposer par le despotisme, soulèvent contr'eux toutes les ames libres, et n'ont pour appuis que les plus vils flatteurs du pouvoir.

Au premier rang des ennemis que nos démagogues avoient à combattre, se trouvoient les classes qui avoient profité de l'organisation sociale abattue, et dont les priviléges, abusifs peut-être, avoient été pourtant des moyens de loisir, de perfectionnement et de lumières. Une grande indépendance de fortune est une garantie contre plusieurs genres de bassesses et de vices. La certitude de se voir respecté est un préservatif contre cette vanité inquiète et ombrageuse, qui partout aperçoit l'insulte, ou suppose le dédain, passion implacable, qui se venge par le mal qu'elle fait de la douleur qu'elle éprouve. L'usage des formes douces et l'habitude des nuances ingénieuses donnent à l'ame une susceptibilité délicate, à l'esprit une rapide flexibilité.

Il falloit profiter de ces qualités précieuses. Il falloit entourer l'esprit chevaleresque de barrières, qu'il ne put franchir, mais lui laisser un noble élan, dans la carrière que la nature rend commune à tous. Les Grecs épargnoient les captifs qui récitoient des vers d'Euripide. La moindre lumière, le moindre germe de la pensée, le moindre sentiment doux, la moindre forme élégante, doivent être soigneusement protégés. Ce sont autant d'élémens indispensables au bonheur social. Il faut les sauver de l'orage. Il le faut, et pour l'intérêt de la justice, et pour celui de la liberté. Car toutes ces choses aboutissent à la liberté, par des routes plus ou moins directes.

Nos réformateurs fanatiques confondirent les époques, pour rallumer et entretenir les haines. Comme on étoit remonté aux Francs et aux Goths, pour consacrer des distinctions oppressives, ils remontèrent aux Francs et aux Goths, pour trouver des prétextes d'oppression en sens inverse. La vanité avoit cherché des titres d'honneur dans les archives et dans les chroniques. Une vanité plus âpre et plus vindicative puisa dans les chroniques et dans les archives des actes d'accusation. On ne voulut ni tenir compte des tems, ni distinguer les nuances, ni rassurer les appréhensions, ni pardonner aux prétentions passagères, ni laisser de vains murmures s'éteindre, de puériles menaces s'évaporer. On enrégistra les engagemens de l'amour-propre. On ajouta aux distinctions qu'on vouloit abolir, une distinction nouvelle, la persécution, et en accompagnant leur abolition de rigueurs injustes, on leur ménagea l'espoir assuré de ressusciter avec la justice.

Dans toutes les luttes violentes, les intérêts accourent sur les pas des opinions exaltées, comme les oiseaux de proye suivent les armées prêtes à combattre. La haine, la vengeance, la cupidité, l'ingratitude, parodièrent effrontément les plus nobles exemples, parce qu'on en avoit recommandé mal-adroitement l'imitation. L'ami perfide, le débiteur infidèle, le délateur obscur, le juge prévaricateur, trouvèrent leur apologie écrite d'avance dans la langue convenue. Le patriotisme devint l'excuse bannale préparée pour tous les délits. Les grands sacrifices, les actes de dévouement, les victoires remportées sur les penchans naturels par le républicanisme austère de l'antiquité, servirent de prétexte au déchainement effréné des passions égoïstes. Parce que, jadis, des pères inexorables, mais justes, avoient condamné leurs fils coupables, leurs modernes copistes livrèrent aux bourreaux leurs ennemis innocens. La vie la plus obscure, l'existence la plus immobile, le nom le plus ignoré, furent d'impuissantes sauvegardes. L'inaction parut un crime, les affections domestiques un oubli de la patrie, le bonheur un désir suspect. La foule, corrompue à la fois par le péril et par l'exemple, répétoit en tremblant le symbole commandé et s'épouvantoit du bruit de sa propre voix. Chacun fesoit nombre et s'effrayoit du nombre qu'il contribuoit à augmenter. Ainsi se répandit sur la France, cet inexplicable vertige qu'on a nommé le règne de la terreur. Qui peut être surpris, de ce que le peuple s'est détourné du but vers lequel on vouloit le conduire par une semblable route?

Non seulement les extrêmes se touchent, mais ils se suivent. Une exagération produit toujours l'exagération contraire *). Lorsque de certaines idées se sont associées à de certains mots, l'on a beau démontrer que cette association est abusive, ces mots reproduits rappellent longtems les mêmes idées. C'est au nom de la liberté qu'on nous a donné des prisons, des échaffauds, des vexations innombrables. Ce nom, signal de mille mesures odieuses et tyranniques, a du réveiller la haine et l'effroi.

Mais a-t-on raison d'en conclure que les modernes sont disposés à se résigner au despotisme? quelle a été la cause de leur résistance obstinée à ce qu'on leur offroit comme liberté? Leur volonté ferme de ne sacrifier ni leur repos, ni leurs habitudes, ni leurs jouïssan-

---

*) „Tout ce qui tend à restreindre les droits du „Roi, disoit M. de Clermont Tonnere en 1790, „est accueilli avec transport, parce qu'on se rap„pelle les abus de la royauté. Il viendra peut„être un tems, où tout ce qui tendra à re„streindre les droits du peuple sera accueilli „avec le même fanatisme, parce que l'on aura „non moins fortement senti les dangers de l'a„narchie."

ces. Or, si le despotisme est l'ennemi le plus irréconciliable de tout repos et de toutes jouissances, n'en résulte-t-il pas, qu'en croiant abhorrer la liberté, les modernes n'ont abhorré que le despotisme ?

Chapitre X.

L'aversion des modernes pour cette prétendue liberté implique-t-elle en eux l'amour du despotisme ?

Je n'entends nullement par despotisme les gouvernemens ou les pouvoirs ne sont pas expressément limités, mais où il y a pourtant des intermédiaires, où une tradition de liberté et de justice contient les agens de l'administration, où l'autorité ménage les habitudes, où l'indépendance des tribunaux est respectée. Ces gouvernemens peuvent être imparfaits. Ils le sont d'autant plus que les garanties qu'ils établissent sont moins assurées ; mais ils ne sont pas purement despotiques.

J'entends par despotisme un gouvernement où la volonté du maître est la seule loi, où les corporations, s'il en existe, ne sont que ses organes, où ce maître se considère comme le seul propriétaire de son empire, et ne voit dans ses sujets que des usufruitiers, où la liberté peut être ravie aux citoyens, sans que l'autorité daigne expliquer ses motifs, et sans qu'on en puisse reclamer la connoissance, où les tribunaux sont subordonnés aux caprices du pouvoir, où leurs sentences peuvent être annullées, où les absous sont traduits devant de nouveaux juges, instruits par l'exemple de leurs prédécesseurs, qu'ils ne sont là que pour condamner.

Il y a vingt ans qu'aucun gouvernement pareil n'existoit en Europe. Il en existe un maintenant, c'est celui de France. J'écarte ici tout ce qui tient à ses conséquences pratiques. J'en traiterai plus loin. Je ne parle à présent que du principe, et j'affirme que ce principe est le même que celui du gouvernement, que le modernes ont détesté, quand il arboroit les étendarts de la liberté. Ce principe, c'est l'arbitraire. L'unique différence, c'est qu'au lieu de s'exercer au nom de tous, il s'exerce au nom d'un seul. Est-ce une raison pour qu'il soit plus supportable, et pour que les hommes se réconcilient plus volontiers avec lui?

Chapitre XI.

Sophisme en faveur de l'arbitraire exercé par un seul homme.

Oui, disent ses apologistes, l'arbitraire, concentré dans une seule main, n'est pas dangereux, comme lorsque des factieux se le disputent: l'intérêt d'un seul homme, investi d'un pouvoir immense, est toujours le même que celui du peuple*). Laissons de côté pour le moment les lumières que nous fournit l'expérience. Analysons l'assertion en elle même.

L'intérêt du dépositaire d'une autorité sans bornes est-il nécessairement conforme à celui

---

*) La souveraine justice de Dieu, dit un écri-

de ses sujets? Je vois bien que ces deux intérêts se rencontrent aux extrêmités de la ligne qu'ils parcourent; mais ne se séparent-ils pas au milieu? En fait d'impots, de guerres, de mesures de police, l'intervalle est vaste entre ce qui est juste, c'est à dire indispensable, et ce qui seroit évidemment dangereux pour le maître même. Si le pouvoir est illimité, celui qui l'exerce, en le supposant raisonnable, ne dépassera pas ce dernier terme, mais il excédera souvent le premier. Or l'excéder est déjà un mal.

Secondement, admettons cet intérêt identique. La garantie qu'il nous procure est-elle infaillible? On dit tous les jours que l'intérêt bien entendu de chacun l'invite à respecter les règles de la justice: on fait néanmoins des loix contre ceux qui les violent: tant il est constaté que les

---

vain françois, tient à sa souveraine puissance, et il en conclut que la souveraine puissance est toujours la souveraine justice. Pour completter le raisonnement, il auroit du affirmer, que le dépositaire de cette puissance sera toujours semblable à Dieu.

hommes s'écartent fréquemment de leur intérêt bien entendu ! *)

Enfin, le gouvernement, quelle que soit sa forme, réside-t-il de fait dans le possesseur de l'autorité suprême ? Le pouvoir ne se subdivise-t-il pas ? ne se partage-t-il point entre des milliers de subalternes ? l'intérêt de ces innombrables gouvernans est-il alors le même que celui des gouvernés ? non sans doute. Chacun d'eux a tout près de lui quelqu'égal ou quelqu'inférieur dont les pertes l'enrichiroient, dont l'humiliation flatteroit sa vanité, dont l'éloignement le délivreroit d'un rival, d'un surveillant incommode.

Pour défendre le système qu'on veut établir, ce n'est pas l'identité de l'intérêt, c'est l'universalité du désintéressement qu'il faut démontrer.

---

*) Il est insensé de croire, dit Spinosa, que celui là seul ne sera pas entrainé par ses passions, dont la situation est telle qu'il est entouré des tentations les plus fortes, et qu'il a plus de facilité et moins de danger à leur céder.

Au haut de la hiérarchie politique, un homme sans passions, sans caprices, inaccessible à la séduction, à la haine, à la faveur, à la colère, à la jalousie, actif, vigilant, tolérant pour toutes les opinions, n'attachant aucun amour-propre à persévérer dans les erreurs qu'il auroit commises, dévoré du désir du bien, et sachant néanmoins résister à l'impatience et respecter les droits du tems: plus bas, dans la gradation des pouvoirs, des ministres doués des mêmes vertus, existant dans la dépendance sans être serviles, au milieu de l'arbitraire, sans être tentés de s'y prêter par crainte ou d'en abuser par égoïsme, enfin, partout, dans les fonctions inférieures, même réunion de qualités rares, même amour de la justice, même oubli de soi, telles sont les hypothèses nécessaires: les regardez vous comme probables?

Si cet enchainement de vertus surnaturelles se trouve rompu dans un seul anneau, tout est en péril. Vainement les deux moitiés ainsi séparées resteront irréprochables: la vérité ne remontera plus avec exactitude jusqu'au fàite du pouvoir: la justice ne descendra plus, entière et pure, dans les rangs obscurs du peuple. Une seule transmission infidèle suffit pour tromper l'autorité et pour l'armer contre l'innocence.

Lorsqu'on vante le despotisme, l'on croit toujours n'avoir de rapports qu'avec le despote : mais on en a d'inévitables avec tous les agens subalternes. Il ne s'agit plus d'attribuer à un seul homme des facultés distinguées et une équité à toute épreuve. Il faut supposer l'existence de cent ou deux cent mille créatures angéliques, au dessus de toutes les foiblesses et de tous les vices de l'humanité.

On abuse donc les François, lorsqu'on leur dit, l'intérêt du maître est d'accord avec le vôtre. Tenez-vous tranquilles ; l'arbitraire ne vous atteindra pas. Il ne frappe que les imprudens qui le provoquent. Celui qui se résigne et se tait se trouve partout à l'abri.

Rassuré par ce vain sophisme, ce n'est pas contre les oppresseurs qu'on s'élève, c'est aux opprimés qu'on cherche des torts. Nul ne sait être courageux, même par prudence. On ouvre à la tyrannie un libre passage, se flattant d'être ménagé. Chacun marche les yeux baissés dans l'étroit sentier qui doit le conduire en sureté vers la tombe. Mais quand l'arbitraire est toléré, il se dissémine de manière que le citoyen le plus inconnu peut tout à coup le rencontrer armé contre lui.

Quelles que soient les espérances des ames pusillanimes, heureusement pour la moralité de l'espèce humaine, il ne suffit pas de se tenir à l'écart et de laisser frapper les autres. Mille liens nous unissent à nos semblables, et l'égoïsme le plus inquiet ne parvient pas à les briser tous. Vous vous croyez invulnérable dans votre obscurité volontaire: mais vous avez un fils, la jeunesse l'entraine: un frère, moins prudent que vous, se permet un murmure: un ancien ennemi, qu'autre fois vous avez blessé, a su conquérir quelqu'influence. Votre maison d'Albe charme les regards d'un Prétorien. Que ferez vous alors? après avoir, avec amertume, blâmé toute réclamation, rejeté toute plainte, vous plaindrez vous à votre tour? Vous êtes condamné d'avance, et par votre propre conscience, et par cette opinion publique avilie, que vous avez contribué vous même à former. Céderez vous sans résistance? mais vous permettra-t-on de céder? n'écartera-t-on pas, ne poursuivra-t-on point un objet importun, monument d'une injustice? Des innocens ont disparu, vous les avez jugés coupables.

Vous avez donc frayé la route ou vous marchez à votre tour.

Chapitre XII.

Des effets de l'arbitraire sur les diverses parties de l'existence humaine.

L'arbitraire, soit qu'il s'exerce au nom d'un seul ou au nom de tous, poursuit l'homme dans tous ses moyens de repos et de bonheur.

Il détruit la morale, car il n'y a point de morale sans sécurité: il n'y a point d'affections douces, sans la certitude que les objets de ces affections reposent à l'abri, sous la sauvegarde de leur innocence. Lorsque l'arbitraire frappe sans scrupule les hommes qui lui sont suspects, ce n'est pas seulement un individu qu'il persécute, c'est la nation entière qu'il indigne d'abord, et qu'il dégrade ensuite. Les hommes tendent toujours à s'affranchir de la douleur. Quand ce qu'ils aiment est menacé, ils s'en détachent ou le défendent. Les moeurs, dit M. de Paw, se corrompent subitement dans les villes attaquées de la peste. On s'y vole l'un l'autre en mourant. L'arbitraire est au moral ce que la peste est au physique. Chacun repousse le compagnon d'infortune qui voudroit s'attacher à lui. Chacun abjure les liens de sa vie passée. Il s'isole pour se défendre, et ne voit dans la foiblesse ou l'amitié qui l'implorent qu'un obstacle à sa sureté. Une seule chose conserve son prix. Ce n'est pas l'opinion publique. Il n'existe plus ni gloire pour les puissans, ni respect pour les victimes. Ce n'est pas la justice, ses loix sont méconnues et ses formes profanées. C'est la richesse. Elle peut désarmer la tyrannie : elle peut séduire quelques uns de ses agens, appaiser la proscription, faciliter la fuite, répandre quelques jouïssances passagères sur une vie toujours menacée. On amasse pour jouïr. On jouit pour oublier des dangers inévitables. On oppose au malheur d'autrui la dureté, au sien propre l'insouciance. On voit couler le sang à côté des fêtes. On étouffe la sympathie en Stoïcien farouche : on se précipite dans le plaisir en Sybarite voluptueux.

Lorsqu'un peuple contemple froidement une succession d'actes tyranniques, lorsqu'il voit sans murmure les prisons s'encombrer, se multiplier les lettres d'exil, croit-on qu'il suffise, au milieu de ce détestable exemple, de quelques phrases bannales, pour ranimer les sentimens honnêtes et généreux? L'on parle de la nécessité de la puissance paternelle: mais le premier devoir d'un fils est de défendre son père opprimé: et lorsque vous enlevez un père du milieu de ses enfans, lorsque vous forcez ces derniers à garder un lâche silence, que devient l'effet de vos maximes et de vos codes, de vos déclamations et de vos loix? L'on rend hommage à la sainteté du mariage: mais sur une dénonciation ténébreuse, sur un simple soupçon, par une mesure qu'on appelle de police, on sépare un époux de sa femme, une femme de son mari! pense-t-on que l'amour conjugal s'éteigne et renaisse tour-à-tour, comme il convient à l'autorité? L'on vante les liens domestiques: mais la sanction des liens domestiques, c'est la liberté individuelle, l'espoir fondé de vivre ensemble, de vivre libres, dans l'azyle que la justice garantit aux citoyens. Si les liens domestiques existoient, les pères, les enfans, les époux, les femmes, les amis, les proches de ceux que l'arbitraire opprime se soumettroient-ils à cet arbitraire? On parle de crédit, de commerce, d'industrie; mais celui qu'on arrête a des créanciers, dont la fortune s'appuye sur la sienne, des associés intéressés à se

entreprises. L'effet de sa détention n'est pas seulement la perte momentanée de sa liberté, mais l'interruption de ses spéculations, peut-être sa ruine. Cette ruine s'étend à tous les co-partageans de ses intérêts. Elle s'étend plus loin encore; elle frappe toutes les opinions, elle ébranle toutes les sécurités. Lorsqu'un individu souffre sans avoir été reconnu coupable, tout ce qui n'est pas dépourvu d'intelligence se croit menacé, et avec raison, car la garantie est détruite. L'on se tait, parce qu'on a peur; mais toutes les transactions s'en ressentent. La terre tremble et l'on ne marche qu'avec effroi. *)

---

*) Une des grandes erreurs de la nation françoise, c'est de n'avoir jamais attaché suffisamment d'importance à la liberté individuelle. On se plaint de l'arbitraire, quand on est frappé par lui, mais plutôt comme d'une erreur que comme d'une injustice: et peu d'hommes, dans la longue série de nos oppressions diverses, se sont donnés le facile mérite de reclamer pour des individus d'un parti différent du leur. Je ne sai quel écrivain a déjà remarqué que M. de Montesquieu, qui défend avec force les droits de la propriété particulière, contre l'intérêt

Tout se tient dans nos associations nombreuses, au milieu de nos relations si compliquées. Les injustices qu'on nomme partielles sont d'intarissables sources de malheur public. Il n'est pas donné au pouvoir de les circonscrire dans une sphère déterminée. On ne sauroit faire la part de l'iniquité. Une seule loi barbare décide de la législation toute entière. Aucune loi juste ne demeure inviolable, auprès d'une seule mesure qui soit illégale. On ne peut refuser la liberté

---

même de l'état, traite avec beaucoup moins de chaleur la question de la liberté des individus, comme si les personnes étoient moins sacrées que les biens. Il y a une cause toute simple, pour que, chez un peuple distrait et égoïste, les droits de la liberté individuelle soient moins bien protégés que ceux de la propriété. L'homme auquel on enlève sa liberté est désarmé par ce fait même, au lieu que l'homme qu'on dépouille de sa propriété conserve sa liberté pour la reclamer. Ainsi, la liberté n'est jamais défendue que par les amis de l'opprimé; la propriété l'est par l'opprimé lui même. On conçoit que la vivacité des réclamations soit différente dans les deux cas.

aux uns, et l'accorder aux autres. Supposez un seul acte de rigueur contre des hommes qui ne soient pas convaincus, toute liberté devient impossible. Celle de la presse? on s'en servira pour émouvoir le peuple en faveur de victimes peut-être innocentes. La liberté individuelle? Ceux que vous poursuivez, s'en prévaudront pour vous échapper. La liberté d'industrie? Elle fournira des ressources aux proscrits. Il faudra donc les gêner toutes, les anéantir également. Les hommes voudroient transiger avec la justice, sortir de son cercle pour un jour, pour un obstacle, et rentrer ensuite dans l'ordre. Ils voudroient la garantie de la règle et le succès de l'exception. La nature s'y oppose; son système est complet et régulier. Une seule déviation le détruit, comme, dans un calcul arithmétique, l'erreur d'un chiffre ou de mille fausse de même le résultat.

CHAPITRE XIII.

Des effets de l'arbitraire sur les progrès intellectuels.

L'homme n'a pas uniquement besoin de repos, d'industrie, de bonheur domestique, de vertus privées. La nature lui a donné aussi des facultés, sinon plus nobles, du moins plus brillantes. Ces facultés plus que toutes les autres sont menacées par l'arbitraire: après avoir essayé de les plier à son usage, irrité qu'il est de leur résistance, il finit par les étouffer.

Il y a, dit Condillac, *deux sortes de barbarie, l'une qui précéde les siècles éclairés, l'autre qui leur succède*. La première est un état désirable, si vous la comparez avec la seconde. Mais c'est seulement vers la seconde que l'arbitraire peut aujourdhui ramener les peuples: et par là même leur dégradation est plus rapide, car ce qui avilit les hommes, ce n'est point de ne pas avoir une faculté, c'est de l'abdiquer.

Je suppose une nation éclairée, enrichie des travaux de plusieurs générations studieuses, possédant des chefs d'oeuvre de tout genre, aiant fait d'immenses progrés dans les sciences et dans les arts. Si l'autorité mettoit des entraves à la manifestation de la pensée, et à l'activité de l'esprit, cette nation pourroit vivre quelque tems sur ses capitaux anciens, pour ainsi dire, sur ses lumières acquises : mais rien ne se renouvelleroit dans ses idées : le principe reproducteur seroit desséché. Durant quelques années, la vanité suppléerait à l'amour des lumières. Des sophistes, se rappelant l'éclat et la considération que donnoient auparavant les travaux littéraires, se livreroient à des travaux du même genre en apparence. Ils combattroient avec des écrits le bien que des écrits auroient fait, et tant qu'il resteroit quelque trace des principes libéraux, il y auroit dans la littérature une espèce de mouvement, une sorte de lutte contre ces écrits et ces principes. Mais ce mouvement seroit un héritage de la liberté détruite. A mesure qu'on en feroit disparoître les derniers vestiges, les dernières traditions, il y auroit moins de succès et moins de profit à continuer des attaques, chaque jour plus superflues. Quand tout auroit disparu, le combat finiroit, parce que les combattans n'apercevroient plus d'adversaires, et les vainqueurs, comme les vaincus garderoient le silence. Qui sait si l'autorité ne jugeroit pas utile de l'imposer ? Elle ne voudroit pas que l'on réveillât des souvenirs éteints, qu'on agitât des questions délaissées. Elle péseroit sur ses acolytes trop zélés, comme autrefois sur ses ennemis. Elle défendroit d'écrire même dans son sens, sur les intérêts de l'espèce humaine, comme je ne sai quel gouvernement dévot avoit interdit de parler de dieu en bien ou en mal. On déclareroit sur quelles questions l'esprit humain pourroit s'exercer. On lui permettroit de s'ébattre, avec subordination toutefois, dans l'enceinte qui lui seroit concédée. Mais anathême à lui, s'il franchit cette enceinte, si, n'abjurant pas sa céleste origine, il se livre à des spéculations défendues, s'il ose penser que sa destination la plus noble n'est pas la décoration ingénieuse de sujets frivoles, la louange adroite, la déclamation sonore, sur des objets indifférens, mais que le ciel et sa nature l'ont constitué tribunal éternel, ou tout s'analyse, ou tout s'examine, ou tout se juge en dernier ressort. Ainsi la carrière de la pensée proprement dite, seroit définitivement fermée. La génération éclairée disparoîtroit graduellement. La génération suivante, ne voyant dans les occupations intellectuelles aucun avantage, y voyant même des dangers, s'en détacheroit sans retour.

En vain direz vous que l'esprit humain pourroit briller encore dans la littérature légère, qu'il pourroit se livrer aux sciences exactes et naturelles, qu'il pourroit s'adonner aux arts. La nature, en créant l'homme, n'a pas consulté l'autorité. Elle a voulu que toutes nos facultés eussent entr'elles une liaison intime, et qu'aucune ne pût être limitée, sans que les autres s'en ressentissent. L'indépendance de la pensée est aussi nécessaire, même à la littérature légère, aux sciences et aux arts que l'air à la vie physique. L'on pourroit aussi bien faire travailler des hommes sous une pompe pneumatique, en disant qu'on n'exige pas d'eux qu'ils respirent, mais qu'ils remuent les bras et les jambes, que maintenir l'activité de l'esprit sur un sujet donné, en l'empêchant de s'exercer sur les objets importans qui lui rendent son énergie, parcequ'ils lui rappellent sa dignité. Les littérateurs ainsi garrotés font d'abord des panégyriques : mais ils deviennent peu à peu incapables même de louer, et la littérature finit par se perdre dans les anagrammes et les acrostiches. Les savans ne sont plus que les dépositaires de découvertes anciennes, qui se détériorent et se dégradent entre des mains chargées de fers. La source du talent se tarit chez les artistes, avec l'espoir de la gloire qui ne se nourrit que de liberté, et par une relation mystérieuse, mais incontestable, entre des choses que l'on croyoit pouvoir s'isoler, ils n'ont plus la faculté de représenter noblement la figure humaine, lorsque l'ame humaine est avilie.

Et ce ne serait pas tout encore. Bientôt le commerce, les professions et les métiers les plus nécessaires se ressentiroient de cette apathie. Le commerce n'est pas à lui seul un mobile d'activité suffisant. L'on s'exagère l'influence de l'intérêt personnel. L'intérêt personnel a besoin pour agir de l'existence de l'opinion. L'homme dont l'opinion languit étouffée, n'est pas longtems excité, même par son intérêt. Une sorte de stupeur s'empare de lui : et comme la paralysie s'étend d'une portion du corps à l'autre, elle s'étend aussi de l'une à l'autre de nos facultés.

L'intérêt, séparé de l'opinion, est borné dans ses besoins, et facile à contenter dans ses jouissances. Il travaille juste ce qu'il faut pour le présent, mais ne prépare rien pour l'avenir. Ainsi les gouvernemens qui veulent tuer l'opinion, et croyent encourager l'intérêt, se trouvent, par une opération double et maladroite, les avoir tués tous les deux.

Il y a sans doute un intérêt qui ne s'éteint pas sous l'arbitraire : mais ce n'est pas celui qui porte l'homme au travail. C'est celui qui le porte à mendier, à piller, à s'enrichir des faveurs de la puissance et des dépouilles de la foiblesse. Cet intérêt n'a rien de commun avec le mobile nécessaire aux classes laborieuses. Il donne aux alentours des despotes une grande activité : mais il ne peut servir de levier ni aux efforts de l'industrie, ni aux spéculations du commune.

L'indépendance intellectuelle a de l'influence même sur les succès militaires. L'on n'aperçoit pas au premier coup-d'oeil la relation qui existe entre l'esprit public d'une nation et la discipline ou la valeur d'une armée. Cette relation pourtant est constante et nécessaire. On aime de nos jours à ne considérer les soldats que comme des instrumens dociles qu'il suffit de savoir habilement employer. Cela n'est que trop vrai à certains égards. Il faut néanmoins que ces soldats ayent la conscience qu'il existe derrière eux une certaine opinion publique. Elle les anime presque sans qu'ils la connoissent. Elle ressemble à cette musique, au son de laquelle ces mêmes soldats s'avancent à l'ennemi. Nul n'y prête une attention suivie, mais tous sont remués, encouragés, entrainés par elle. Ce fut avec l'esprit public de la Prusse, autant qu'avec ses légions, que le grand Fréderic repoussa l'Europe coalisée. Cet esprit public s'étoit formé de l'indépendance que ce monarque avoit laissée toujours au développement des facultés intellectuelles. Durant la guerre de sept ans, il éprouva de fréquens revers. Sa capitale fut prise, ses armées furent dispersées: mais il y avoit je ne sai quelle élasticité qui se communiquoit de lui à son peuple et de son peuple à lui. Les voeux de ses sujets réagissoient sur ses défenseurs. Ils les appuyoient d'une sorte d'atmosphère d'opinion qui les soutenoit et doubloit leurs forces. *)

---

*) Ces considérations que j'écrivois, il y a huit ans, m'ont fourni depuis lors une preuve bien frappante du triomphe assuré des principes vrais. Cette Prusse, que je présentois comme exemple de la force morale d'une nation éclairée, a paru tout à coup avoir perdu son énergie et toutes ses vertus belliqueuses. Les amis, auxquels j'avois communiqué mon ouvrage, me demandoient, après la bataille de Jéna, ce qu'étoient devenus les rapports de l'es-

Je ne me déguise point, en écrivant ces lignes, qu'une classe d'écrivains n'y verra qu'un sujet de moquerie. Ils veulent à toute force qu'il n'y ait rien de moral dans le gouvernement de l'espèce humaine; ils mettent ce qu'ils ont de facultés à prouver l'inutilité et l'impuissance de ces facultés. Ils constituent l'état social avec un petit nombre d'élémens bien simples, des préjugés pour tromper les hommes, des supplices pour les effrayer, de l'avidité pour les corrompre, de la frivolité pour les dégrader, de l'arbitraire pour les conduire, et il le faut bien, des connoissances positives et des sciences exactes, pour servir plus adroitement cet arbitraire. Je ne puis croire que ce soit le terme de quarante siècles de travaux.

La pensée est le principe de tout. Elle s'applique à l'industrie, à l'art militaire, à toutes les

---

prit public avec les victoires. Quelques années se sont écoulées, et la Prusse s'est relevée de sa chute; elle s'est placée au premier rang des nations: elle a conquis des droits à la reconnoissance des générations futures, au respect et à l'enthousiasme de tous les amis de l'humanité.

sciences, à tous les arts, elle leur fait faire des progrès, puis en analysant ces progrès, elle étend son propre horizon. Si l'arbitraire veut la restreindre, la morale en sera moins saine *), les connoissances de fait moins exactes, les sciences moins actives dans leur développement, l'art militaire moins avancé, l'industrie moins enrichie par des découvertes.

L'existence humaine, attaquée dans ses parties les plus nobles, sent bientôt le poison s'étendre jusqu'aux parties les plus éloignées. Vous croyez n'avoir fait que la borner dans quelque liberté superflue, ou lui retrancher quelque pompe inutile. Votre arme empoisonnée l'a blessée au coeur.

L'on nous parle souvent, je le sai, d'un cercle prétendu que parcourt l'esprit humain, et qui, dit-on, ramène, par une fatalité inévitable, l'ignorance après les lumières, la barbarie après

---

*) Le voyage de Barrow en Chine peut servir à montrer ce que devient pour la morale, comme pour tout le reste, un peuple frappé d'immobilité, par l'autorité qui le régit.

la civilisation. Mais, par malheur pour ce système, le despotisme s'est toujours glissé entre ces époques, de manière qu'il est difficile de ne pas l'accuser d'entrer pour quelque chose dans cette révolution.

La véritable cause de ces vicissitudes dans l'histoire des peuples, c'est que l'intelligence de l'homme ne peut rester stationnaire : si vous ne l'arrêtez pas, elle avance; si vous l'arrêtez, elle recule. Si vous la découragez sur elle même, elle ne s'exercera plus sur aucun objet qu'avec langueur. On dirait qu'indignée de se voir exclue de la sphère qui lui est propre, elle veut se venger, par un noble suicide, de l'humiliation qui lui est infligée.

Il n'est pas au pouvoir de l'autorité d'assoupir ou de réveiller les peuples, suivant ses convenances ou ses fantaisies momentanées. La vie n'est pas une chose qu'on ote et qu'on rende tour à tour.

Que si le gouvernement vouloit suppléer par son activité propre à l'activité naturelle de l'opinion enchaînée, comme dans les places assiégées, on fait piaffer entre des colonnes les chevaux qu'on tient renfermés, il se chargeroit d'une tâche difficile.

D'abord une agitation toute artificielle est chère à entretenir. Lorsque chacun est libre, chacun s'intéresse et s'amuse de ce qu'il fait, de ce qu'il dit, de ce qu'il écrit. Mais lorsque la grande masse d'une nation est réduite au role de spectateurs forcés au silence, il faut, pour que ces spectateurs applaudissent ou seulement pour qu'ils regardent, que les entrepreneurs du spectacle réveillent leur curiosité par des coups de théâtre et des changemens de scène.

Cette agitation factice est en même tems plutôt apparente que réelle. Tout marche, mais par le commandement et par la menace. Tout est moins facile, parce que rien n'est volontaire. Le gouvernement est obéi plutôt que secondé. A la moindre interruption, tous les rouages cesseroient d'agir. C'est une partie d'échecs, la main du pouvoir la dirige. Aucune pièce ne résiste: mais si le bras s'arrêtoit un instant, elles resteroient toutes immobiles.

Enfin la léthargie d'une nation où il n'y a pas d'opinion publique se communique à son gouvernement, quoiqu'il fasse. N'ayant pu la tenir éveillée, il finit par s'endormir avec elle. Ainsi donc tout se tait, tout s'affaisse, tout dégénère, tout se dégrade, chez une nation dont la pensée est esclave, et tôt ou tard un tel empire offre le spectacle de ces plaines de l'Egypte, où l'on voit une immense pyramide peser sur une poussière aride, et régner sur de silentieux déserts. Cette marche, que nous retraçons ici, ce n'est point de la théorie, c'est de l'histoire. C'est l'histoire de l'empire Grec, de cet empire, héritier de celui de Rome, investi d'une grande portion de sa force, et de toutes ses lumières, de cet empire, ou le pouvoir arbitraire s'établit, avec toutes les données les plus favorables à sa stabilité et qui dépérit et tomba, parce que l'arbitraire, sous toutes les formes, doit dépérir et tomber. Cette histoire sera celle de la France, de ce pays privilégié par la nature et le sort, si le despotisme y persévère dans l'oppression sourde qu'il a longtems déguisée sous le vain éclat des triomphes extérieurs. *)

---

*) Si j'avais voulu multiplier les preuves, j'aurais pu parler encore de la Chine. Le gouvernement de cette contrée est parvenu à dominer la pen-

Ajoutons une considération dernière qui n'est pas sans importance. L'arbitraire, en atteignant la pensée, ferme au talent sa plus belle carrière. Mais il ne sauroit empêcher que des hommes de talent ne prennent naissance. Il faudra bien que leur activité s'exerce. Qu'arrivera-t-il ? Qu'ils

---

s'e et à la rendre un pur instrument. Les sciences n'y sont cultivées que par ses ordres, sous sa direction et sous son empire. Nul n'ose se frayer une route nouvelle, ni s'écarter en aucun sens des opinions commandées. Aussi la Chine a-t-elle été perpétuellement conquise par des étrangers, moins nombreux que les chinois. Pour arrêter le développement de l'esprit, il a fallu briser en eux le ressort qui leur auroit servi à se défendre et à défendre leur gouvernement. Les chefs des peuples ignorans, dit Bentham (principes de législation III. 21.), ont toujours fini par être les victimes de leur politique étroite et pusillanime. Ces nations vieillies dans l'enfance, sous des tuteurs qui prolongent leur imbécillité pour les gouverner plus aisément ont toujours offert au premier aggresseur une proye facile.

se diviseront en deux classes. Les uns, fidèles à leur destination primitive, attaqueront l'autorité. Les autres se précipiteront dans l'égoïsme, et feront servir leurs facultés supérieures à l'accumulation de tous les moyens de jouissances, seul dédommagement qui leur soit laissé. Ainsi l'arbitraire aura fait deux parts des hommes d'esprit. Les uns seront séditieux, les autres corrompus. On les punira, mais d'un crime inévitable. Si leur ambition avoit trouvé le champ libre pour ses espérances et ses efforts honorables, les uns seroient encore paisibles, les autres encore vertueux. Ils n'ont cherché la route coupable qu'après avoir été repoussés des routes naturelles qu'ils avoient droit de parcourir ; je dis qu'ils en avoient le droit, car l'illustration, la renommée, la gloire appartiennent à l'espèce humaine. Nul ne peut légitimement les dérober à ses égaux et flétrir la vie en la dépouillant de tout ce qui la rend brillante.

C'étoit une belle conception de la nature d'avoir placé la récompense de l'homme hors de lui, d'avoir allumé dans son coeur cette flamme indéfinissable de la gloire, qui, se nourrissant de nobles espérances, source de toutes les actions grandes, préservatif contre tous les vices, lien des générations entr'elles et de l'homme avec l'univers, repousse les désirs grossiers, et dédaigne les plaisirs sordides. Malheur à qui l'éteint, cette flamme sacrée. Il remplit dans ce monde le role du mauvais principe; il courbe de sa main de fer notre front vers la terre, tandis que le ciel nous a créés pour marcher la tête haute et pour contempler les astres.

Chapitre XIV.
De la religion sous l'arbitraire.

On dirait, que sous les formes de gouvernement les plus tyranniques, un refuge reste ouvert à l'homme; c'est la religion. Il y peut déposer ses douleurs secrétes : il peut y placer sa dernière espérance, et nulle autorité ne paroit assez adroite, assez déliée, pour le poursuivre dans cet azyle. L'arbitraire l'y poursuit néanmoins. Tout ce qui est indépendant l'effarouche, parce que tout ce qui est libre le menace.

Le despotisme vouloit autrefois commander aux croyances religieuses, et pensoit pouvoir en faire à son gré un devoir ou un crime. De nos jours, mieux instruit par l'expérience, il ne dirige plus contre la religion des persécutions directes, mais il est à l'affut de ce qui peut l'avilir.

Tantôt il la recommande comme nécessaire seulement au peuple, sachant bien que le peuple averti par un infaillible instinct de ce qui se passe sur sa tête, ne respectera pas ce que ses supérieurs dédaignent, et que chacun, par imitation, ou par amour-propre, repoussera la religion un dégré plus bas. Tantôt, la pliant à ses caprices, la tyrannie s'en fait une esclave. Ce n'est plus cette puissance divine, qui descend du ciel pour étonner ou réformer la terre. Humble dépendante, organe timide, elle se prosterne aux genoux du pouvoir, observe ses gestes, demande ses ordres, flatte qui la méprise, et n'enseigne aux nations ses vérités éternelles que sous le bon plaisir de l'autorité. Ses ministres bégayent aux pieds de ses autels asservis des paroles mutilées. Ils n'osent faire retentir les voutes antiques des accens du courage et de la conscience, et loin d'entretenir, comme Bossuet, les grands de ce monde, du Dieu sévère qui juge les Rois, ils cherchent avec terreur, dans les regards dédaigneux du maître, comment ils doivent parler de leur Dieu. Heureux encore, s'ils n'étoient pas forcés d'appuyer de la sanction religieuse des loix inhumaines et des décrets spoliateurs. Ô honte! on les a vus commander au nom d'une religion de paix les invasions et les massacres, souiller la sublimité des livres saints par les sophismes de la politique, travestir leurs prédications en manifestes, bénir le ciel des succés du crime, et blasphêmer la volonté divine, en l'accusant de complicité.

Et ne croyez pas que tant de servilité les sauve des insultes. L'homme que rien n'arrête est saisi quelquefois d'un soudain délire, par cela seul qu'aucune résistance ne le rappelle à la raison. Commode, portant dans une cérémonie la statue d'Anubis, s'avisa tout à coup de transformer ce simulacre en massue, et d'en assommer le prêtre Egyptien qui l'accompagnoit*). C'est un emblême assez fidèle de ce qui se passe sous nos yeux, de cette assistance hautaine et capricieuse qui se fait un secret triomphe de maltraiter ce qu'elle protége et d'avilir ce qu'elle vient d'ordonner.

La religion ne peut résister à tant de dégra-

---

*) Lamprid. in Commodo, cap. 9.

dations et à tant d'outrages. Les yeux fatigués se détournent de ses pompes. Les ames flétries se détachent de ses espérances.

Il en faut convenir; chez un peuple éclairé, le despotisme est l'argument le plus fort contre la réalité d'une providence. Nous disons, chez un peuple éclairé, car des peuples encore ignorans peuvent être opprimés, sans que leur conviction religieuse en soit diminuée. Mais lors qu'une fois l'esprit humain est entré dans la route du raisonnement, et que l'incrédulité a pris naissance, le spectacle de la tyrannie semble appuyer d'une terrible évidence les assertions de cette incrédulité.

Elle disoit à l'homme, qu'aucun être juste ne veilloit sur ses destinées, et ses destinées sont en effet abandonnées aux caprices des plus féroces et des plus vils des humains. Elle disoit que ces récompenses de la vertu, ces chatimens du crime, promesses d'une croyance déchue, n'étoient que les illusions vaines d'imaginations foibles et timides : et c'est le crime qui est récompensé, c'est la vertu qui est proscrite. Elle disoit que ce qu'il y avoit de mieux à faire, durant cette vie d'un jour, durant cette apparition bizarre, sans passé comme sans avenir, et tellement courte qu'elle paroît à peine réelle, c'étoit de profiter de chaque moment, afin de fermer les yeux sur l'abyme qui nous attend pour nous engloutir. L'arbitraire prêche la même doctrine par chacun de ses actes. Il invite l'homme à la volupté, par les périls dont il l'entoure. Il faut saisir chaque heure, incertain qu'on est de l'heure qui suit. Une foi bien vive seroit nécessaire pour espérer, sous le régne visible de la cruanté et de la folie, le régne invisible de la sagesse et de la bonté.

Cette foi vive et inébranlable ne sauroit être le partage d'un vieux peuple. Les classes éclairées, au contraire, cherchent dans l'impiété un misérable dédommagement de leur servitude. En bravant, avec l'apparence de l'audace, un pouvoir qu'elles ne craignent plus, elles se croyent moins méprisables dans leur bassesse envers le pouvoir qu'elles redoutent, et l'on diroit que la certitude qu'il n'existe pas d'autre monde leur est une consolation des opprobres de celui-ci.

On vante cependant les lumières du siècle, et la destruction de la puissance spirituelle, et la cessation de toute lutte entre l'église et l'état. Pour moi, je le déclare, s'il faut opter, je préfére le joug religieux au despotisme politique.

Sous le premier, il y a du moins conviction dans les esclaves, et les tyrans seuls sont corrompus: mais quand l'oppression est séparée de toute idée religieuse, les esclaves sont aussi dépravés, aussi abjects que leurs maîtres.

Nous devons plaindre, mais nous pouvons estimer une nation courbée sous le faix de la superstition et de l'ignorance. Cette nation conserve de la bonne foi dans ses erreurs. Un sentiment de devoir la conduit encore. Elle peut avoir des vertus, bien que ces vertus soient mal dirigées. Mais des serviteurs incrédules, rampant avec docilité, s'agitant avec zèle, reniant les Dieux et tremblant devant un homme, n'ayant pour mobile que la crainte, n'aïant pour motif que le salaire que leur jette, du haut de son trône, celui qui les opprime, une race qui, dans sa dégénération volontaire, n'a pas une illusion qui la relève, par une erreur qui l'excuse, une telle race est tombée du rang que la providence avoit assigné à l'espèce humaine: et les facultés qui lui restent, et l'intelligence qu'elle déploye, ne sont pour elle et pour le monde qu'un malheur et une honte de plus.

Chapitre XV.

Que les hommes ne sauroient se résigner volontairement à l'arbitraire sous aucune forme.

Si tels sont les effets de l'arbitraire, quelque forme qu'il revête, les hommes ne peuvent s'y résigner volontairement. Ils ne peuvent donc se résigner volontairement au despotisme, qui est une forme de l'arbitraire, comme ce qu'on avoit nommé liberté en France en étoit une autre. Encore, en disant que cette prétendue liberté étoit une autre forme de l'arbitraire que le despotisme, j'accorde plus que je ne devrois. C'étoit le despotisme, sous un autre nom.

C'est bien à tort que ceux qui ont décrit le gouvernement révolutionnaire de la France l'ont appelé anarchie, c'est à dire absence de gouvernement. Certes, dans le gouvernement révolutionnaire, dans le tribunal révolutionnaire, dans la loi des suspects, il n'y avoit point absence de gouvernement, mais présence continue et universelle d'un gouvernement atroce.

Il est si vrai que cette prétendue anarchie n'étoit que du despotisme, que le maître actuel des Francois imite toutes les mesures dont elle lui fournit des exemples, et a conservé toutes les loix qu'elle a promulguées. Il a toujours éludé l'abrogation de ces loix qu'il avoit souvent promise. Il s'est donné par fois le mérite de suspendre leur exécution, mais il s'en est réservé l'usage, et tout en niant qu'il en fut l'auteur, il s'en est porté légataire. C'est un arsenal d'armes empoisonnées qu'il quitte et qu'il reprend à son gré. Ces loix planent sur toutes les têtes, comme enveloppées d'un nuage, et demeurent en embuscade, pour reparôitre au premier signal.

Tandis que j'écris ces mots, je reçois le décret du 27. Decembre 1813 et j'y lis ces trois articles: „4. Nos commissaires extraordinaires sont „autorisés à ordonner toutes les mesures de haute „police qu'exigeroient les circonstances et le main„tien de l'ordre public. 5. Ils sont pareillement „autorisés à former des commissions militaires, „et à traduire devant elles ou devant les cours „spéciales toutes personnes prévenues de favoriser „l'ennemi, d'être d'intelligence avec lui ou d'at„tenter à la tranquillité publique. 6. Ils pourront „faire des proclamations et prendre des arrêtés. „Les dits arrêtés seront obligatoires pour tous les „citoyens. Les autorités JUDICIAIRES, civiles et „militaires seront tenues de s'y conformer et de

,,les faire exécuter." Ne sont-ce pas là les Proconsuls de la convention? Ne retrouvons nous pas dans ce décret les pouvoirs illimités, et les tribunaux révolutionnaires? Si le gouvernement de Robespierre eut été de l'anarchie, celui de Napoléon seroit de l'anarchie. Mais non. Le gouvernement de Napoléon est du despotisme, et il faut reconnôitre que celui de Robespierre n'étoit autre chose que du despotisme.

L'anarchie et le despotisme ont ceci de semblable, qu'ils détruisent la garantie et foulent aux pieds les formes: mais le despotisme reclame pour lui ces formes qu'il a brisées et enchaine les victimes qu'il veut immoler. L'anarchie et le despotisme réintroduisent dans l'état social l'état sauvage: mais l'anarchie y remet tous les hommes: le despotisme s'y remet lui seul, et frappe ses esclaves, garottés des fers dont il s'est débarassé.

Il n'est donc point vrai qu'aujourdhui, plus qu'autrefois, l'homme soit disposé à se résigner au despotisme. Une nation fatiguée par des convulsions de douze années a pu tomber de lassitude, et s'assoupir un instant sous une tyrannie accablante, comme le voyageur épuisé peut s'endormir dans une forêt, malgré les brigands qui l'infestent. Mais cette stupeur passagère ne peut être prise pour un état stable.

Ceux qui disent qu'ils veulent le despotisme disent qu'ils veulent être opprimés, ou qu'ils veulent être oppresseurs. Dans le premier cas, ils ne s'entendent pas; dans le second, ils ne veulent pas qu'on les entende.

Voulez-vous juger du despotisme pour les différentes classes? Pour les hommes éclairés, pensez à la mort de Traséas, de Sénéque, pour le peuple, à l'incendie de Rome, à la dévastation des provinces. pour le maître même, à la mort de Néron, à celle de Vitellius.

J'ai cru ces développemens nécessaires, avant d'examiner si l'usurpation pouvoit se maintenir par le despotisme. Ceux qui, aujourdhui, lui indiquent ce moyen, comme une ressource assurée, nous entretiennent perpétuellement du désir, du voeu des peuples, et de leur amour pour un pouvoir sans bornes qui les comprime, les enchaîne, les préserve de leurs propres erreurs, et les empêche de se faire du mal, sauf à leur en faire lui même et lui seul. On diroit qu'il suffit de proclamer bien franchement que ce n'est pas au nom de la liberté qu'on nous foule aux pieds, pour que nous nous laissions fouler aux pieds avec joye. J'ai voulu réfuter ces assertions absurdes ou perfides, et montrer quel abus de mots leur a servi de baze.

Maintenant qu'on doit être convaincu que le genre humain, malgré la dernière et malheureuse expérience qu'il a faite d'une liberté fausse, n'en est pas, en réalité, plus favorablement disposé pour le despotisme, je vais rechercher, si, en réunissant tous les moyens de la tyrannie, l'usurpation peut échapper à ses nombreux ennemis et conjurer les périls multipliés qui l'entourent.

Chapitre XVI.

Du despotisme comme moyen de durée pour l'usurpation. *)

Pour que l'usurpation puisse se maintenir par le despotisme, il faut que le despotisme lui même

---

*) En publiant les considérations suivantes sur le despotisme, je crois rendre aux gouvernemens ac-

puisse se maintenir. Or je demande chez quel peuple civilisé de l'Europe moderne le despotisme s'est maintenu. J'ai déjà dit ce que j'entendois par despotisme, et en consultant l'histoire, je vois que tous les gouvernemens qui s'en sont rapprochés ont creusé sous leurs pas un abyme où ils ont toujours fini par tomber. Le pouvoir absolu s'est toujours écroulé, au moment où de longs efforts, couronnés par le succès, l'avoient délivré de tout obstacle, et sembloient lui promettre une durée paisible.

---

tuels de l'Europe, celui de France toujours excepté, l'hommage le plus digne d'eux. Notre époque, marquée d'ailleurs encore par beaucoup de souffrances, et durant laquelle l'humanité a reçu des blessures qui seront longues à cicatriser, est heureuse au moins en un point important. Les Rois et les peuples sont tellement réunis par l'intérêt, par la raison, par la morale, je dirois presque par une reconnoissance mutuelle des services qu'ils se sont rendus, qu'il est impossible aux hommes pervers de les séparer. Les premiers mettent une gloire magnanime à reconnoître les droits des seconds et à leur en assurer la jouissance. Ceux-ci savent

En Angleterre, ce pouvoir s'établit sous Henri VIII. Elisabeth le consolide. On admire l'autorité sans bornes de cette reine. On l'admire d'autant plus qu'elle n'en use que modérement. Mais son successeur est condamné sans cesse à lutter contre la nation qu'on croyoit asservie, et le fils de ce successeur, illustre victime, empreint par sa mort sur la révolution Britannique une tache de sang dont un siècle et demi de liberté et de gloire peut à peine nous consoler.

Louis XIV., dans ses mémoires, détaille avec complaisance tout ce qu'il avoit fait pour détruire l'autorité des parlements, du clergé, de tous les

---

qu'ils ne gagnent rien à des secousses violentes, et que les institutions consacrées par le tems sont préférables à toutes les autres, précisément parce que le tems qui les a consacrées les modifie. Si l'on profite habilement, c'est à dire, avec loyauté et avec justice (car c'est la véritable habileté politique), de cette double conviction, il n'y aura de longtems ni révolutions ni despotisme à craindre, et les maux que nous avons subis seront de la sorte amplement compensés.

corps intermédiaires. Il se félicite de l'accroissement de sa puissance devenue illimitée. Il s'en fait un mérite envers les Rois qui doivent le remplace sur le trône. Il écrivoit vers l'an 1666. Cent vingt trois ans après, la monarchie françoise étoit renversée. *)

La raison de cette marche inévitable des choses est simple et manifeste. Les institutions qui servent de barrières au pouvoir lui servent en même tems d'appuis. Elles le guident dans sa route: elles le soutiennent dans ses efforts: Elles le modèrent dans ses accés de violence et l'encouragent dans ses momens d'apathie. Elles

---

*) On trouve un plaisant oubli des faits dans un des partisans les plus zélés du pouvoir absolu, mais qui du moins a le rare mérite d'avoir été l'adversaire courageux de l'usurpation. „Le Royaume „de France, dit M. Ferrand (Esp. de l'hist. III. „448.), rassembloit sous l'autorité unique de „Louis XIV. tous les moyens de force et de pros-„périté. ... Sa grandeur avoit été longtems re-„tardée par tous les vices dont un moment de „barbarie l'avoit surchargé, et dont il avoit fal-„lu près de sept siècles pour emporter entièrement

réunissent autour de lui les intérêts des diverses classes. Lors même qu'il lutte contr'elles, elles lui imposent de certains ménagemens, qui rendent ses fautes moins dangereuses. Quand ces institutions sont détruites, le pouvoir, ne trouvant rien qui le dirige, rien qui le contienne, commence à marcher au hazard. Son allure devient inégale et vagabonde. Comme il n'a plus aucune règle fixe, il avance, il recule, il s'agite, il ne sait jamais s'il en fait assez, s'il n'en fait pas trop. Tantot il s'emporte et rien ne le calme; tantot il s'affaisse, et rien ne le ranime. Il s'est défait de ses alliés en croyant se débarasser de

---

„la rouille. Mais cette rouille étoit dissipée. „Tous les ressorts venoient de recevoir une der„nière trempe. Leur action étoit rendue plus li„bre, leur jeu plus prompt et plus sur. Ils n'é„toient plus arrêtés par une multitude de mouve„mens étrangers. Il n'y en avoit plus qu'un qui „imprimoit l'impulsion à tout le reste." Eh bien! que résulte-t-il de tout cela? De ce ressort unique et puissant, de cette autorité sans bornes? Un règne brillant, puis un règne honteux, puis un règne foible, puis une révolution.

ses adversaires. L'arbitraire qu'il exerce est une sorte de responsabilité mélée de remords qui le trouble et le tourmente.

On a dit souvent que la prospérité des états libres étoit passagère. Celle du pouvoir absolu l'est bien plus encore. Il n'y a pas un état despotique qui ait subsisté dans toute sa force aussi longtems que la liberté angloise.

Le despotisme a trois chances: ou il révolte le peuple, et le peuple le renverse: ou il énerve le peuple, et alors, si les étrangers l'attaquent, il est renversé par les étrangers*), ou si les étran-

---

*) La conquête des Gaules, remarque Filangieri, couta dix ans de fatigues, de travaux, et de négotiations à César, et ne couta pour ainsi dire qu'un jour à Clovis. Cependant les Gaulois qui résistoient à César étoient surement moins disciplinés que ceux qui combattoient contre Clovis et qui avoient été dressés à la tactique romaine. Clovis, âge de quinze à seize ans, n'étoit certainemens pas plus grand Capitaine que César. Mais César avoit à faire à un peuple libre, Clovis à un peuple esclave.

gers ne l'attaquent pas, il dépérit lui même plus lentement, mais d'une manière plus honteuse et non moins certaine.

Tout confirme cette maxime de Montesquieu, qu'à mesure que le pouvoir devient immense, la sureté diminue. *)

Non, disent les amis du despotisme; quand les gouvernements s'écroulent, c'est toujours la faute de leur foiblesse. Qu'ils surveillent, qu'ils sévissent, qu'ils enchâinent, qu'ils frappent, sans se laisser entraver par de vaines formes.

A l'appui de cette doctrine, on cite deux ou trois exemples de mesures violentes et illégales, qui ont paru sauver les gouvernemens qui les employoient. Mais pour faire valoir ces exemples, on se renferme adroitement dans le cercle d'un petit nombre d'années. Si l'on regardoit plus loin, l'on verroit que par ces mesures, ces gouvernemens, loin de s'affermir, se sont perdus.

Ce sujet est d'une extrême importance, parce que les gouvernemens réguliers eux mêmes se

---

*) Esp. des Loix, ch. 7.

laissent quelquefois séduire par cette théorie. On me pardonnera donc, si, dans une courte digression, j'en fais ressortir et le danger et la fausseté.

Chapitre XVII.

De l'effet des mesures illégales et despotiques, dans les gouvernemens réguliers eux mêmes.

Quand un gouvernement régulier se permet l'emploi de l'arbitraire, il sacrifie le but de son existence aux mesures qu'il prend pour la conserver. Pourquoi veut-on que l'autorité réprime ceux qui attaqueroient nos propriétés, notre liberté, ou notre vie ? Pour que ces jouissances nous soient assurées. Mais si notre fortune peut être détruite, notre liberté menacée, notre vie troublée par l'arbitraire, quel bien retirons nous de la protection de l'autorité ? Pourquoi veut-on qu'elle punisse ceux qui conspireroient contre la constitution de l'état ? Parce que l'on craint que ces conspirateurs ne substituent une puissance oppressive à une organisation légale et modérée. Mais si l'autorité exerce elle même cette puissance oppressive, quel avantage conserve-t-elle ? Un avantage de fait, pendant quelque tems, peut être.

Les mesures arbitraires d'un gouvernement consolidé sont toujours moins multipliées que celles des factions qui ont encore à établir leur puissance. Mais cet avantage même se perd en raison de l'usage de l'arbitraire. Ses moyens une fois admis, on les trouve tellement courts, tellement commodes, qu'on ne veut plus en employer d'autres. Présenté d'abord comme une ressource extrême, dans des circonstances infiniment rares, l'arbitraire devient la solution de tous les problèmes, et la pratique de chaque jour. Alors non seulement le nombre des ennemis de l'autorité s'augmente avec celui des victimes : mais sa défiance s'accroit, hors de toute proportion avec le nombre de ses ennemis. Une atteinte portée à la liberté en appelle d'autres, et le pouvoir, entré dans cette route, finit par se mettre de pair avec les factions.

On parle bien à l'aise de l'utilité des mesures illégales, et de cette rapidité extra-judiciaire, qui ne laissant pas aux séditieux le tems de se reconnôitre raffermit l'ordre, et maintient la paix Mais consultons les faits, puisqu'on nous les cite, et jugeons le système, par les preuves mêmes que l'on allègue en sa faveur.

Les Gracques, nous dit-on, mettoient en danger la république romaine. Toutes les formes étoient impuissantes: le Sénat recourut deux fois à la loi terrible de la nécessité, et la république fut sauvée. La république fut sauvée! c'est à dire que de cette époque, il faut dater sa perte. Tous les droits furent méconnus; toute constitution renversée. Le peuple n'avoit demandé que l'égalité des priviléges. Il jura le chatiment des meurtriers de ses défenseurs, et le féroce Marius vint présider à sa vengeance.

L'ambition des Guises agitoit le règne de Henri III. Il sembloit impossible de juger les Guises. Henri III. fit assassiner l'un d'eux. Son règne en devint-il plus tranquille? Vingt années de guerres civiles déchirérent l'empire francois, et peut-être le bon Henri IV. porta t-il, quarante ans plus tard, la peine du dernier Valois.

Dans les crises de cette nature, les coupables que l'on immole ne sont jamais qu'en petit nombre. D'autres se taisent, se cachent, attendent; ils profitent de l'indignation que la violence a refoulée dans les âmes: ils profitent de la consternation que l'apparence de l'injustice répand dans l'esprit des hommes scrupuleux. Le pouvoir, en s'affranchissant des loix, a perdu son caractère distinctif et son heureuse prééminence. Lorsque les factieux l'attaquent avec des armes pareilles aux siennes, la foule des citoyens peut être partagée, car il lui semble qu'elle n'a que le choix entre deux factions.

On nous objecte l'intérêt de l'état, les dangers de la lenteur, le salut public. N'avons-nous pas entendu suffisamment ces mêmes paroles sous le système le plus exécrable ? ne s'useront-elles jamais ? Si vous admettez ces prétextes imposans, ces mots spécieux, chaque parti verra l'intérêt de l'état dans la destruction de ses ennemis, les dangers de la lenteur dans une heure d'examen, le salut public dans une condamnation sans jugement et sans preuves.

Sans doute, il y a pour les sociétés politiques des momens de danger que toute la prudence humaine a peine à conjurer. Mais ce n'est point par la violence, par la suppression de la justice, ce n'est point ainsi que ces dangers s'évitent. C'est au contraire, en adhérant, plus scrupuleusement que jamais, aux loix établies, aux formes tutélaires, aux garanties préservatices. Deux avantages résultent de cette courageuse persistance dans ce qui est légal. Les gouvernemens laissent à leurs ennemis l'odieux de la violation des loix les plus saintes : et de plus ils conquièrent par le calme et la sécurité qu'ils témoignent, la confiance de cette masse timide qui resterait au moins indécise, si des mesures extraordinaires prouvoient dans les dépositaires de l'autorité, le sentiment d'un péril pressant.

Tout gouvernement modéré, tout gouvernement qui s'appuye sur la régularité et sur la justice, se perd par toute interruption de la justice, par toute déviation de la régularité. Comme il est dans sa nature de s'adoucir tôt ou tard, ses ennemis attendent cette époque, pour se prévaloir des souvenirs armés contre lui. La violence a paru le sauver un instant : mais elle a rendu sa chute plus inévitable. Car en le délivrant de quelques adversaires, elle a généralisé la haine que ces adversaires lui portoient.

Soïez justes, dirai-je toujours aux hommes investis de la puissance. Soyez justes, quoiqu'il arrive : car si vous ne pouviez gouverner avec la justice, avec l'injustice même, vous ne gouverneriez pas plus heureusement.

Durant notre longue et triste révolution, beaucoup d'hommes s'obstinoient à voir les causes des événemens du jour dans les actes de la veille. Lorsque la violence, après avoir produit une stupeur momentanée, étoit suivie d'une réaction qui en détruisoit l'effet, ils attribuoient cette réaction à la suppression des mesures violentes, à trop de parcimonie dans les proscriptions, au relâchement de l'autorité *). Mais il est dans la nature des décrets iniques de tomber en désuétude. Il est dans la nature de l'autorité de s'adoucir même à son insu. Les précautions, devenues odieuses, se négligent. L'opinion pèse malgré son silence;

---

*) Les auteurs des Dragonades fesoient le même raisonnement sous Louis XIV. Lors de l'insurrection des Cévennes, dit Rhulières (Eclaircissements sur la révocation de l'édit de Nantes II. 278.), le parti, qui avoit sollicité la persécution des Religionnaires, prétendoit que la révolte des Camizards n'avoit pour cause que le relâchement des mesures de rigueur. Si l'oppression avoit continué, disoient-ils, il n'y auroit point eu de soulévement. Si l'oppression n'avoit point commencé, disoient ceux qui s'étoient opposés à ces violences, il n'y auroit point eu de mécontens.

la puissance fléchit. Mais comme elle fléchit de foiblesse, elle ne se concilie pas les coeurs : les trames se renouent, les haines se développent : les innocens frappés par l'arbitraire reparoissent plus forts. Les coupables qu'on a condamnés sans les entendre semblent innocens, et le mal qu'on a retardé de quelques heures revient plus terrible, aggravé du mal qu'on a fait.

Il n'y a point d'excuses pour des moyens qui servent également à toutes les intentions et à tous les buts, et qui, invoqués par les hommes honnêtes contre les brigands, se retrouvent dans la bouche des brigands, avec l'autorité des hommes honnêtes, avec la même apologie de la nécessité, avec le même prétexte du salut public. La loi de Valérius Publicola, qui permettoit de tuer sans formalité quiconque aspireroit à la tyrannie, servit alternativement aux fureurs aristocratiques et populaires, et perdit la république romaine.

La manie de presque tous les hommes, c'est de se montrer au dessus de ce qu'ils sont. La manie des écrivains, c'est de se montrer des hommes d'état. En conséquence, tous les grands développemens de force extrajudiciaire, tous les recours aux mesures illégales dans les circonstances périlleuses, ont été, de siècle en siecle, racontés avec respect et décrits avec complaisance. L'auteur, paisiblement assis à son bureau, lance de tous côtés l'arbitraire, cherche à mettre dans son style la rapidité qu'il recommande dans les mesures, se croit, pour un moment, revêtu du pouvoir, parce qu'il en prêche l'abus, réchauffe sa vie spéculative de toutes les démonstrations de force et de puissance dont il décore ses phrases, se donne ainsi quelque chose du plaisir de l'autorité, répéte à tue-tête les grands mots de salut du peuple, de loi suprême, d'intérêt public, est en admiration de sa profondeur, et s'émerveille de son énergie. Pauvre imbécille! Il parle à des hommes qui ne demandent pas mieux que de l'écouter, et qui, à la première occasion, feront sur lui même l'expérience de sa théorie.

Cette vanité, qui a faussé le jugement de tant d'écrivains, a eu plus d'inconvéniens qu'on ne pense, pendant nos dissentions civiles. Tous les esprits médiocres, conquérans passagers d'une portion de l'autorité, étoient remplis de toutes ces maximes, d'autant plus agréables à la sottise qu'elles lui servent à trancher les noeuds qu'elle ne peut délier. Ils ne rêvoient que mesures de salut public, grandes mesures, coups d'état. Ils se croyoient des génies extraordinaires, parce qu'ils s'écartoient à chaque pas des moyens ordinaires. Ils se proclamoient des têtes vastes, parce que la justice leur paroissoit une chose étroite. A chaque crime politique qu'ils commettoient, on les entendoit s'écrier: *nous avons encore une fois sauvé la patrie.* Certes, nous devons en être suffisamment convaincus: c'est une patrie bientôt perdue, qu'une patrie sauvée ainsi chaque jour.

Chapitre XVIII.

Résultats des considérations ci dessus relativement au despotisme.

Si, même dans les gouvernemens réguliers qui ne réunissent pas, comme le despotisme, tous les interêts des hommes contr'eux, les mesures illégales, loin d'être favorables à leur durée, la compromettent et la menacent, il est clair que le despotisme qui se compose tout entier de mesures pareilles, ne peut renfermer en lui même aucun germe de stabilité. Il vit au jour le jour, tombant à coups de hache sur l'innocent et sur le coupable, tremblant devant ses complices qu'il enrégimente, qu'il flatte et qu'il enrichit, et se maintenant par l'arbitraire, jusqu'à ce que l'arbitraire, saisi par un autre, le renverse lui même de la main de ses suppots. *)

---

*) Il est curieux de contempler la succession des principaux actes arbitraires, qui ont marqué les quatre premières années du gouvernement de Napoléon, depuis l'usurpation à St. Cloud, usurpation que l'Europe a excusée, parce qu'elle la croïoit nécessaire, mais qui n'est venue que lorsque les troubles intérieurs qu'elle s'est faite un

Etouffer dans le sang l'opinion mécontente est la maxime favorite de certains profonds politiques. Mais on n'étouffe pas l'opinion. Le sang coule, mais elle surnage, revient à la charge, et triomphe. Plus elle est comprimée, plus elle est terrible. Elle pénétre dans les esprits avec l'air qu'on respire. Elle devient le sentiment habituel, l'idée fixe de chacun. L'on ne se rassem-

---

mérite d'appaiser, avoient cessé par le seul usage du pouvoir constitutionel. Voiez d'abord, immédiatement après cette usurpation, la déportation sans jugement de trente à quarante citoyens, ensuite une autre déportation de cent trente qu'on a envoyé périr sur les côtes de l'Afrique, puis l'établissement des tribunaux spéciaux, tout en laissant subsister les commissions militaires, puis l'élimination du Tribunat, et la destruction de ce qui restoit du système représentatif, puis la proscription de Moreau, le meurtre du Duc d'Enghien, l'assassinat de Pichegru etc. Je ne parle pas des actes partiels, qui sont innombrables. Remarquez que ces années peuvent être considérées comme les plus paisibles de ce gouvernement et qu'il avoit l'intérêt le plus pressant à se donble pas pour conspirer, mais tous ceux qui se rencontrent, conspirent.

Quelqu'avili que l'extérieur d'une nation nous paroisse, les affections généreuses se réfugieront toujours dans quelques ames solitaires, et c'est là qu'indignées elles fermenteront en silence. Les voutes des assemblées peuvent retentir de déclamations furieuses: l'écho des palais d'expressions de mépris pour la race humaine. Les flatteurs

---

ner toutes les apparences de la régularité. Il faut que l'usurpation et le despotisme soient condamnés par leur nature à des mesures pareilles, puisque cet intérêt manifeste n'a pu en préserver un usurpateur, très rusé, très calme, malgré des fureurs qui ne sont que des moyens, assez spirituel, si l'on appelle esprit la connoissance de la partie ignoble du coeur, indifférent au bien et au mal, et qui, dans son impartialité, auroit peut-être préféré le premier comme plus sur, enfin qui avoit étudié tous les principes de la tyrannie, et dont l'amour propre eut été flatté de déployer une sorte de modération comme preuve de dextérité.

du peuple peuvent l'irriter contre la pitié: les flatteurs des tyrans leur dénoncer le courage. Mais aucun siècle ne sera jamais tellement deshérité par le ciel, qu'il présente le genre humain tout entier, tel qu'il le faudrait pour l'arbitraire. La haine de l'oppression, soit au nom d'un seul, soit au nom de tous, s'est transmise d'âge en âge. L'avenir ne trahira pas cette belle cause. Il restera toujours de ces hommes pour qui la justice est une passion, la défense du foible un besoin. La nature a voulu cette succession: nul n'a jamais pu l'interrompre, nul ne l'interrompra jamais. Ces hommes céderont toujours à cette impulsion magnanime. Beaucoup souffriront, beaucoup périront peut-être; mais la terre, à laquelle ira se mêler leur cendre, sera soulevée par cette cendre, et s'entrouvrira tôt ou tard.

Chapitre XIX.

Causes qui rendent le despotisme particulièrement impossible à notre époque de la civilisation.

Les raisonnemens qu'on vient de lire sont d'une nature générale et s'appliquent à tous les peuples civilisés, et à toutes les époques. Mais plusieurs autres causes, qui sont particulières à l'état de la civilisation moderne, mettent de nos jours de nouveaux obstacles au despotisme.

Ces causes sont, en grande partie, les mêmes qui ont substitué la tendance pacifique à la tendance guerrière, les mêmes qui ont rendue impossible la transplantation de la liberté des anciens chez les modernes.

L'espèce humaine étant inébranlablement attachée à son repos et à ses jouissances, réagira toujours, individuellement et collectivement, contre toute autorité, qui voudra les troubler. De ce que nous sommes, comme je l'ai dit, beaucoup moins passionés pour la liberté politique que ne l'étoient les anciens, il peut s'ensuivre que nous négligions les garanties qui se trouvent dans les formes: mais de ce que nous tenons beaucoup plus à la liberté individuelle, il s'ensuit aussi que dès que le fonds sera attaqué, nous le défendrons de tous nos moyens. Or nous avons pour le défendre des moyens que les anciens n'avoient pas.

J'ai montré, que le commerce rend l'action de l'arbitraire sur notre existence plus vexatoire qu'autrefois, parce que nos spéculations étant plus variées, l'arbitraire doit se multiplier pour les atteindre; mais le commerce rend en même tems l'action de l'arbitraire plus facile à éluder, parce qu'il change la nature de la propriété, qui devient, par ce changement, presqu'insaisissable.

Le commerce donne à la propriété une qualité nouvelle, la circulation. Sans circulation, la propriété n'est qu'un usufruit. L'autorité peut toujours influer sur l'usufruit; car elle peut enlever la jouissance. Mais la circulation met un obstacle invisible et invincible à cette action du pouvoir social.

Les effets du commerce s'étendent encore plus loin. Non seulement il affranchit les individus, mais en créant le crédit, il rend l'autorité dépendante.

L'argent, dit un auteur françois, est l'arme la plus dangereuse du despotisme, mais il est en même tems son frein le plus puissant. Le crédit est soumis à l'opinion. La force est inutile. L'argent se cache ou s'enfuit. Toutes les opérations de l'état sont suspendues. Le crédit n'avoit pas la même influence chez les anciens. Leurs gouvernemens étoient plus forts que les particuliers. Les particuliers sont plus forts que les pouvoirs politiques de nos jours. La richesse est une puissance plus disponible dans tous les instans, plus applicable à tous les intérêts, et par conséquent bien plus réelle et mieux obeïe. Le pouvoir menace, la richesse récompense : on échappe au pouvoir en le trompant : pour obtenir les faveurs de la richesse, il faut la servir : celle-ci doit l'emporter.

Par une suite des mêmes causes, l'existence individuelle est moins englobée dans l'existence politique. Les individus transplantent au loin leurs trésors; ils portent avec eux toutes les jouissances de la vie privée. Le commerce a rapproché les nations, et leur a donné des moeurs et des habitudes à peu près pareilles. Les chefs peuvent être ennemis: les peuples sont compatriotes. L'expatriation, qui chez les anciens, étoit un supplice, est facile aux modernes, et loin de leur être pénible, elle leur est souvent agréable *). Reste au despotisme l'expédient de prohiber l'expatriation. Mais pour l'empêcher, il ne suffit pas de l'interdire. On n'en quitte que plus volontiers les pays d'ou il est défendu de sortir. Il faut donc poursuivre ceux qui se sont expatriés. Il faut obliger les états voisins, et en-

---

*) Quand Cicéron disoit: pro qua patria mori, et cui nos totos dedere, et in qua nostra omnia ponere, et quasi consecrare debemus, c'est que la patrie contenoit alors tout ce qu'un homme avoit de plus cher. Perdre sa patrie, c'étoit perdre sa femme, ses enfans, ses amis, toutes ses affections, et presque toute communication et toute jouissance sociale. L'époque de ce patriotisme est passé. Ce que nous aimons dans la patrie comme dans la liberté, c'est la propriété de nos biens, la sécurité, la possibilité du repos, de l'activité, de la gloire, de mille genres de bonheur. Le mot de patrie rappelle à notre pensée plutôt la réunion de ces biens que l'idée topographique d'un pays particulier. Lorsqu'on nous les enlève chez nous, nous les allons chercher au dehors.

suite les états éloignés à les repousser. Le despotisme revient ainsi au système d'asservissement, de conquête, et de monarchie universelle. C'est vouloir, comme on voit, remédier à une impossibilité par une autre.

Ce que j'affirme ici vient de se vérifier sous nos yeux mêmes. Le despotisme de France a poursuivi la liberté de climat en climat. Il a réussi, pour un tems, à l'étouffer, dans toutes les contrées où il pénétrait. Mais la liberté se réfugiant toujours d'une région dans l'autre, il a été contraint de la suivre si loin qu'il a enfin trouvé sa propre perte. Le génie de l'espèce humaine l'attendoit aux bornes du monde, pour rendre son retour plus honteux, et son chatiment plus mémorable. *)

---

*) J'aime à rendre justice au courage et aux lumières d'un de mes collégues qui a imprimé, il y a quelques années, sous la tyrannie, la vérité que je développe ici, mais en l'appuyant de preuves d'un genre différent de celles que j'allégue, et qui ne pouvoient se publier alors. „Dans l'état actuel de la civilisation, et dans le système commercial sous lequel nous vivons, tout pouvoir public doit être limité, et un pouvoir absolu ne peut subsister." Ganilh. Hist. du Revenu public. I. 419.

CHAPITRE XX.

Que l'usurpation, ne pouvant se maintenir par le despotisme, puisque le despotisme lui même ne peut se maintenir aujourdhui, il n'existe aucune chance de durée pour l'usurpation.

Si le despotisme est impossible de nos jours, vouloir soutenir l'usurpation par le despotisme, c'est prêter à une chose qui doit s'écrouler, un appui qui doit s'écrouler de même.

Un gouvernement régulier se met dans une situation périlleuse, quand il aspire au despotisme : il a cependant pour lui l'habitude. Voyez combien de tems il fallut au long parlement pour s'affranchir de cette vénération, compagne de toute puissance ancienne et consacrée, quelle soit républicaine ou qu'elle soit monarchique. Croyez-vous que les corporations qui existent sous un usurpateur éprouveroient à briser son joug ce même obstacle moral, ce même scrupule de conscience ? Ces corporations ont beau être esclaves. Plus elles sont asservies, plus elles se montrent furieuses, quand un événement vient les délivrer. Elles veulent expier leur longue servitude. Les sénateurs qui avoient voté des fêtes publiques pour célébrer la mort d'Agrippine, et félicité Néron du meurtre de sa mère, le condamnèrent à être battu de verges, et précipité dans le Tibre.

Les difficultés qu'un gouvernement régulier rencontre à devenir despotique, participent de sa régularité : elles s'opposent à ses succès, mais elles diminuent les périls que ses tentatives attirent sur lui même. L'usurpation ne rencontre pas des résistances aussi méthodiques. Son triomphe momentané en est plus complet : mais les résistances qui se déployent enfin sont plus désordonnées ; c'est le chaos contre le chaos.

Quand un gouvernement régulier, après avoir essayé des empiétemens, revient à la pratique de la modération et de la justice, tout le monde lui en sait gré. Il retourne vers un point déjà connu, qui rassure les esprits par les souvenirs qu'il rappelle. Un usurpateur, qui renonceroit à ses entreprises, ne prouveroit que de la foiblesse. Le terme où il s'arrêteroit seroit aussi vague que le terme qu'il auroit voulu atteindre. Il seroit plus méprisé, sans être moins haï.

L'usurpation ne peut donc subsister, ni sans le despotisme, car tous les intérêts s'élèvent contr'elle, ni par le despotisme, car le despotisme ne peut subsister. La durée de l'usurpation est donc impossible.

Sans doute, le spectacle que la France nous offre, paroit propre à décourager toute espérance. Nous y voyons l'usurpation triomphante, armée de tous les souvenirs effrayans, héritière de toutes les théories criminelles, se croyant justifiée par tout ce qui s'est fait avant elle, forte de tous les attentats, de toutes les erreurs du passé, affichant le mépris des hommes, le dédain pour la raison. Autour d'elle se sont réunis tous les desirs ignobles, tous les calculs adroits, toutes les dégradations rafinées. Les passions, qui, durant la violence des révolutions, se sont montrées si funestes, se reproduisent sous d'autres formes. La peur et la vanité parodioient jadis l'esprit de parti, dans ses fureurs les plus implacables. Elles surpassent maintenant, dans leurs démonstrations insensées, la plus abjecte servilité. L'amour-propre, qui survit à tout, place encore un succès dans la bassesse, où l'effroi cherche un azyle. La cupidité parait à découvert, offrant son opprobre comme garantie à la tyrannie. Le sophisme s'empresse à ses pieds, l'étonne de son zéle, la devance de ses cris, obscurcissant toutes les idées, et nommant séditieuse la voix qui veut le confondre. L'esprit vient offrir ses services, l'esprit, qui, séparé de la conscience, est le plus vil des instrumens. Les apostats de toutes les opinions accourent en foule, n'ayant conservé de leurs doctrines passées que l'habitude des moyens coupables. Des transfuges habiles, illustres par la tradition du vice, se glissent de la prospérité de la veille à la prospérité du jour. La religion est le portevoix de l'autorité, le raisonnement le commentaire de la force. Les préjugés de tous les âges, les injustices de tous les pays, sont rassemblés comme matériaux du nouvel ordre social. L'on remonte vers des siècles reculés, l'on parcourt des contrées lointaines, pour composer de mille traits épars une servitude bien complète qu'on puisse donner pour modèle. La parole déshonorée vole de bouche en bouche, ne partant d'aucune source réelle, ne portant nulle part la conviction, bruit importun, oiseux et ridicule, qui ne laisse à la vérité et à la justice aucune expression qui ne soit souillée.

Un pareil état est plus désastreux que la révolution la plus orageuse. On peut détester quelquefois les tribuns séditieux de Rome : mais on est oppressé du mépris, qu'on éprouve pour le sénat sous les Césars. On peut trouver durs et coupables les ennemis de Charles I. Mais un dégout profond nous saisit pour les créatures de Cromwell.

Lorsque les portions ignorantes de la société commettent des crimes, les classes éclairées restent intactes. Elles sont préservées de la contagion par le malheur; et comme la force des choses remet tôt ou tard le pouvoir entre leurs mains, elles ramènent facilement l'opinion qui est plutôt égarée que corrompue. Mais lorsque ces classes elles mêmes, désavouant leurs principes anciens, déposent leur pudeur accoutumée, et s'autorisent d'exécrables exemples, quel espoir reste-t-il? Où trouver un germe d'honneur, un élément de vertu? tout n'est que fange, sang et poussière.

Destinée cruelle à toutes les époques pour les amis de l'humanité! Méconnus, soupçonnés, entourés d'hommes incapables de croire au courage, à la conviction désintéressée, tourmentés tour à tour, par le sentiment de l'indignation, quand les oppresseurs sont les plus forts, et par celui de la pitié, quand ces oppresseurs sont devenus victimes, ils ont toujours erré sur la terre, en butte à tous les partis, et seuls au milieu des générations, tantôt furieuses, tantôt dépravées.

En eux repose toutefois l'espoir de la race humaine. Nous leur devons cette grande correspondance des siècles qui dépose en lettres ineffaçables contre tous les sophismes que renouvellent tous les tyrans. Par elle, Socrate a survécu aux persécutions d'une populace aveugle, et Cicéron n'est pas mort tout entier sous les proscriptions de l'infame Octave. Que leurs successeurs ne se découragent pas! Qu'ils élèvent de nouveau leur voix! Ils n'ont rien à se faire pardonner. Ils n'ont besoin ni d'expiations ni de désaveux. Ils possedent intact le trésor d'une réputation pure. Qu'ils osent exprimer l'amour des idées généreuses. Elles ne réfléchissent point sur eux un jour accusateur! Ce ne sont point des tems sans compensation que ceux où le despotisme, dédaignant une hypocrisie qu'il croit inutile, arbore ses propres couleurs, et déploye avec insolence des étendarts dès long tems connus. Combien il vaut mieux souffrir de l'oppression de ses ennemis que rougir des excès de ses alliés! On rencontre alors l'approbation de tout ce qu'il y a de vertueux sur la terre. On plaide une noble cause, en présence du monde et secondé par les voeux de tous les hommes de bien.

Jamais un peuple ne se détache de ce qui est véritablement la liberté. Dire qu'il s'en détache, c'est dire qu'il aime l'humiliation, la douleur, le dénuement et la misère; c'est prétendre qu'il se résigne sans peine à être séparé des objets de son amour, interrompu dans ses travaux, dépouillé de ses biens, tourmenté dans ses opinions, et dans ses plus secrètes pensées, traîné dans les cachots et sur l'échaffaud. Car c'est contre ces choses que les garanties de la liberté sont instituées; c'est pour être préservé de ces fléaux que l'on invoque la liberté. Ce sont ces fléaux que le peuple craint, qu'il maudit, qu'il déteste. En quelque lieu, sous quelque dénomination qu'il les rencontre, il s'épouvante, il recule. Ce qu'il abhorroit dans ce que ses oppresseurs appeloient la liberté, c'étoit l'esclavage. Aujourd'hui l'esclavage s'est montré à lui, sous son vrai nom, sous ses véritables formes. Croit-on qu'il le déteste moins?

Missionaires de la vérité, si la route est interceptée, redoublez de zèle, redoublez d'efforts. Que la lumière perce de toutes parts: obscurcie, qu'elle reparoisse, repoussée, qu'elle revienne. Qu'elle se reproduise, se multiplie, se transforme. Qu'elle soit infatigable comme la persécution. Que les uns marchent avec courage, que les autres se glissent avec adresse. Que la vérité se répande, pénètre, tantôt retentissante. et tantôt répétée tout bas. Que toutes les raisons se coalisent, que toutes les espérances se raniment, que tous travaillent, que tous servent, que tous attendent.

La tyrannie, l'immoralité, l'injustice sont tellement contre nature qu'il ne faut qu'un effort, une voix courageuse pour retirer l'homme de cet abyme. Il revient à la morale par le malheur qui résulte de l'oubli de la morale. Il revient à la liberté par le malheur qui résulte de l'oubli de la liberté. La cause d'aucune nation n'est désespérée. L'Angleterre, durant ses guerres civiles, offrit des exemples d'inhumanité. Cette même Angleterre parut n'être revenue de son délire, que pour tomber dans la servitude. Elle a toutefois repris sa place parmi les peuples sages, vertueux et libres, et de nos jours nous l'avons vue, et leur modèle et leur espoir.

Durant l'impression de cet ouvrage, commencée au mois de Novembre dernier, les événemens, qui se sont succédés rapidement, ont appuyé de preuves si évidentes les vérités que je voulois établir, que je n'ai pu m'empêcher de faire usage des exemples qu'ils me fournissoient, malgré mon premier désir de me réduire, le plus qu'il seroit possible, à des principes généraux.

Celui, qui, depuis douze années, se proclamoit destiné à conquérir le monde a fait amende honorable de ses prétentions. Ses discours, ses démarches, chacun de ses actes, sont des argumens plus victorieux contre le système des conquêtes, que tous ceux que j'avais pu rassembler. En même tems, sa conduite, si peu semblable à celle des souverains légitimes qui ont été en butte aux mêmes adversités, ajoute une différence bien frappante à toutes celles que j'ai fait ressortir, comme séparant l'usurpation d'avec la Monarchie ou la République. Voyez Venise, lors de la ligue de Cambray, ou la Hollande menacée par Louis XIV. Quelle confiance dans le peuple, quelle tranquille intrépidité dans les magistrats! c'est que ces gouvernemens étoient légitimes. Voiez Louis XIV dans sa vieillesse. Il a toute l'Europe à combattre: il est affaibli par les outrages du tems. Son orgueil reconnoit la nécessité de capituler avec la fortune. Son langage toutefois est plein de dignité. En dépit des périls, il a fixé le terme au delà duquel il ne reculera pas. Sa noblesse dans le malheur devient presqu'une excuse des fautes que la prospérité lui avoit fait commettre: et comme il arrive toujours, de même que ses erreurs avoient été punies, sa grandeur d'ame est récompensée. Une paix honorable sauve son trône et son peuple. De nos jours, le Roi de Prusse perd une partie de ses états: il ne peut soutenir une lutte inégale: il se résigne au sort, mais il conserve au sein des revers la fermeté d'un homme et l'attitude d'un Roi. L'Europe l'estime, ses sujets le plaignent et le chérissent: de toutes parts des voeux secrets s'unissent aux siens, et dès qu'il en donne le signal, une nation généreuse accourt pour le venger. Que dirons-nous de cet autre exemple, plus grand encore, unique dans les annales des peuples? Ce ne sont pas quelques provinces frontières occupées par l'ennemi. C'est l'étranger pénétrant au coeur d'un vaste empire. Entendez-vous un seul cri de découragement? démêlez-vous un seul geste de foiblesse? L'agresseur avance, tout se tait. Il menace, rien ne fléchit. Il plante ses drapeaux sur les tours de la capitale, et cette capitale en cendres est la réponse qu'il obtient.

Lui au contraire, avant même que son territoire ne soit envahi, est frappé d'un trouble qu'il ne peut dissimuler. A peine ses limites sont-elles touchées, qu'il jette au loin toutes ses conquêtes. Il exige l'abdication d'un de ses frères, il consacre l'expulsion d'un autre. Sans qu'on le lui demande, il déclare qu'il renonce à tout.

D'où vient cette différence? Tandis que les Rois, même vaincus, n'abjurent point leur dignité, pourquoi le vainqueur de la terre cède-t-il au premier échec? c'est que ces Rois savoient que la baze de leur trône reposoit dans le coeur de leurs sujets. Mais un usurpateur siège avec effroi sur un trône illégitime, comme sur une pyramide solitaire. Aucun assentiment ne l'appuye. Il a tout réduit en poussière, et cette poussière mobile laisse arriver à lui les vents déchaînés. Les cris de sa famille, nous dit-il, déchirent son coeur. N'étoient-ils pas de cette famille, ceux qui périssoient en Russie dans la triple agonie des blessures, du froid et de la famine? Mais, tandis qu'ils expiroient, désertés par leur chef, ce chef se croioit en sureté. Maintenant, le danger qu'il partage lui donne une sensibilité subite.

La peur est un mauvais conseiller, là surtout, où il n'y a pas de conscience. Il n'y a dans l'adversité, comme dans le bonheur, de mesure que dans la morale. Où la morale ne gouverne pas, le bonheur se perd par la démence, l'adversité par l'avilissement.

Quel effet doit produire sur une nation courageuse cette aveugle frayeur, cette pusillanimité soudaine, sans exemple encore au milieu de nos orages? Car ces révolutionnaires, justement condamnés pour tant d'excès, avoient du moins senti que leur vie étoit solidaire de leur cause, et qu'il ne falloit pas provoquer l'Europe quand on n'osoit pas lui resister. Certes, la France gémissoit depuis douze ans sous une lourde et cruelle tyrannnie. Les droits les plus saints étoient violés, toutes les libertés étoient envahies. Mais il y avoit une sorte de gloire. L'orgueil national trouvoit (c'étoit un tort) un certain dédommagement à n'être opprimé que par un chef invincible. Aujourd'hui, que reste-t-il? plus de prestige, plus de triomphes, un empire mutilé, l'exécration du monde, un trône dont les pompes sont ternies, dont les trophées sont abattus, et qui n'a pour tout entourage que les ombres errantes du Duc d'Enghien, de Pichegru, de tant d'autres, qui furent égorgés pour le fonder. Fiers défenseurs de la monarchie, supporterez-vous que l'oriflamme de St. Louis soit remplacé par un étendart sanglant de crimes et dépouillé de succès? et vous qui désiriez une république, que dites-vous d'un maître qui a trompé vos espérances, et flétri les lauriers dont l'ombrage voiloit vos dissentions civiles, et fesoit admirer jusqu'à vos erreurs ?

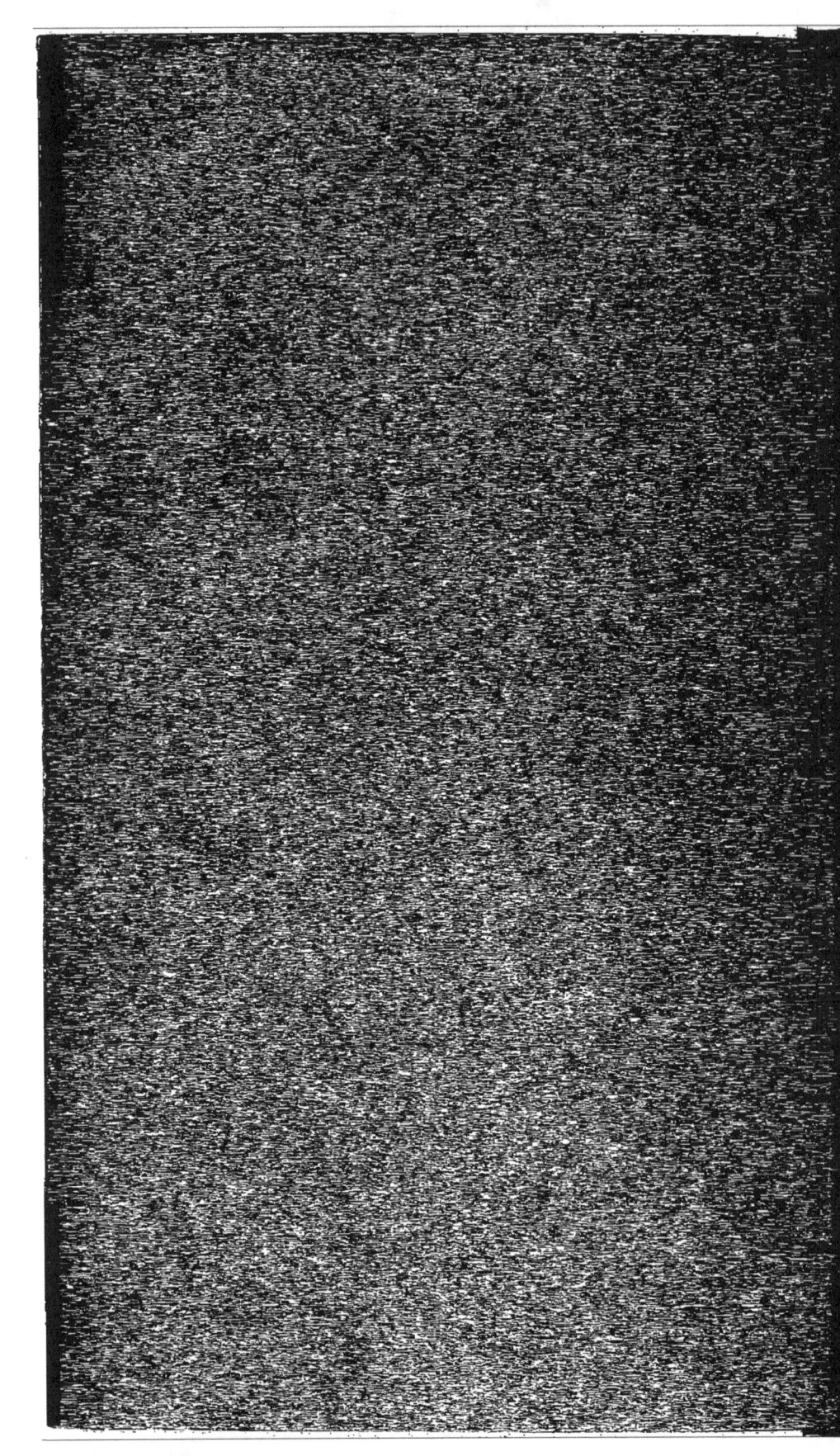

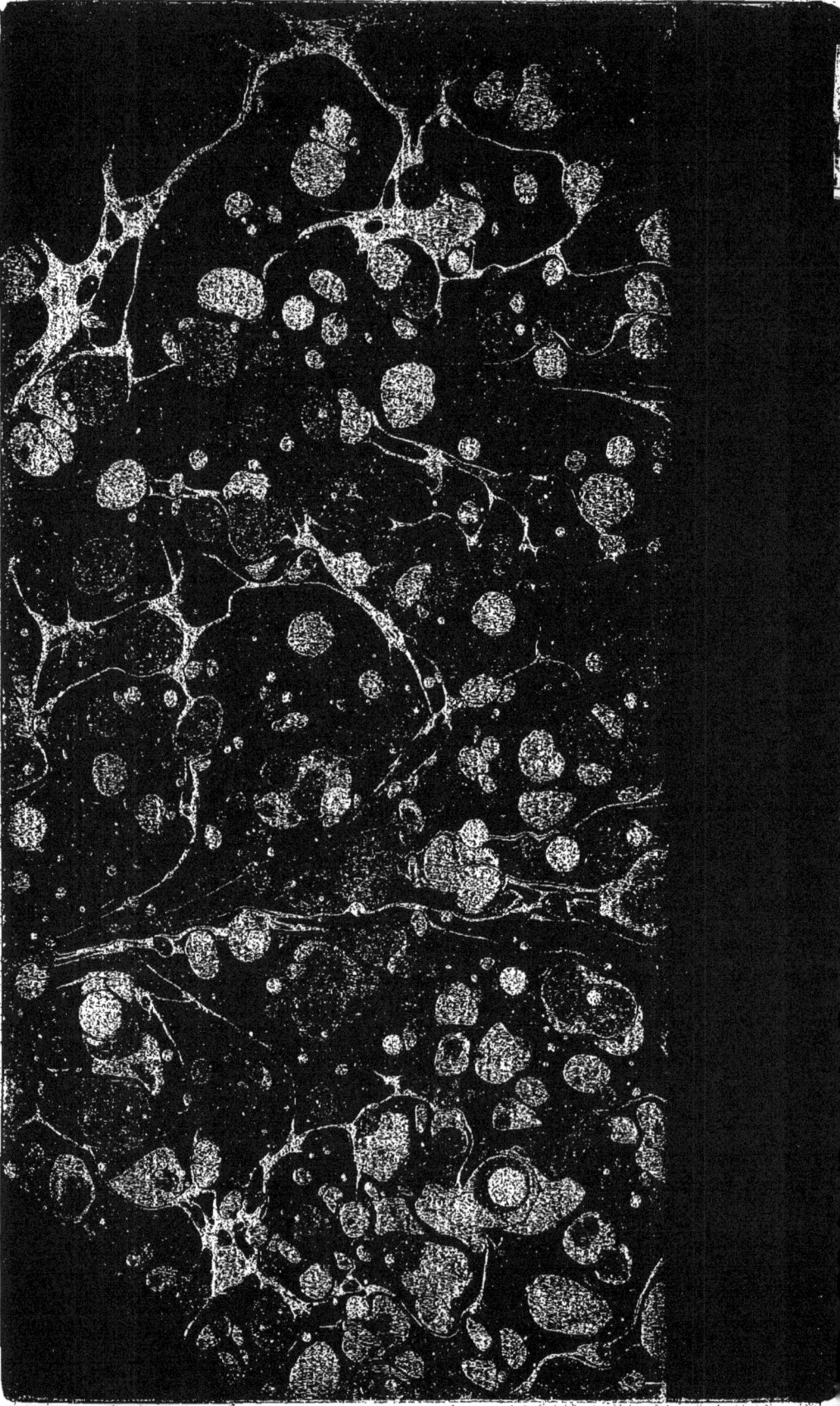

www.ingramcontent.com/pod-product-compliance
Lightning Source LLC
Chambersburg PA
CBHW062000180426
43198CB00036B/1710